KB265053

사자소학

편집부 엮음

신라출판사

父	生	我	身
′ ′′ ハ父	′ ′ 止牛生	′ 千 扎我我	′ 冂 月 身 身
아비부	날 생	나 아	몸 신

父生我身 (부생아신) 아버지는 내 몸을 낳게 하시고

母	鞠	吾	身
ㄴ ㅁ ㅁ 母 母	″ 苹 芍 鞠 鞠	一 丁 五 五 吾	′ 冂 月 身 身
어미모	기를국	나 오	몸 신

母鞠吾身 (모국오신) 어머니는 내 몸을 기르셨도다.

腹	以	懷	我
月 肜 胛 胯 腹	ㄥ ㄥ 以 以	′″ 忄 忄 悜 懷	′ 千 扎我我
배 복	써 이	품을회	나 아

腹以懷我 (복이회아) 배로써 나를 품으시고

乳	以	哺	我
′″ ″″ 竽 竽 乳	ㄥ ㄥ 以 以	ㅁ ㅁ 吚 哺 哺	′ 千 扎我我
젖 유	써 이	먹일포	나 아

乳以哺我 (유이포아) 젖으로써 나를 먹이셨도다.

以	衣	温	我
㇀ ㇀ 以 以	亠 ㇑ 亡 눅 衣	氵 汩 汩 渭 温	一 于 升 我 我
써 이	옷 의	따뜻할 온	나 아

以衣温我 (이의온아) 옷으로써 나를 따뜻이 하고

以	食	活	我
㇀ ㇀ 以 以	人 食 食 食 食	氵 汗 汗 活 活	一 于 升 我 我
써 이	먹을 식	살 활	나 아

以食活我 (이식활아) 음식으로써 나를 키우셨도다.

恩	高	如	天
門 因 因 恩 恩	亠 宮 高 高 高	㇜ 女 妇 如 如	一 二 于 天
은혜 은	높을 고	같을 여	하늘 천

恩高如天 (은고여천) 은혜가 높기는 하늘과 같고

德	厚	似	地
彳 徉 德 德 德	厂 厂 厚 厚 厚	亻 仉 似 似 似	十 土 圹 圹 地
큰 덕	두터울 후	같을 사	땅 지

德厚似地 (덕후사지) 덕이 두텁기는 땅과 같도다.

爲	人	子	者
一ʹʹ广爲爲	ノ人	了子	土耂耂者者
할 위	사 람 인	아 들 자	놈 자

爲人子者(위인자자) 사람의 자식된 자로서

曷	不	爲	孝
丨冂日日昌曷	一ブ不不	一ʹʹ广爲爲	土耂耂孝孝
어 찌 갈	아 니 불	할 위	효 도 효

曷不爲孝(갈불위효) 어찌 효도를 다하지 않으리.

欲	報	深	恩
八公谷谷欲	土幸郣郣報	氵氵沪泙深	冂因因恩恩
탐 낼 욕	갚 을 보	깊 을 심	은 혜 은

欲報深恩(욕보심은) 깊은 은혜를 갚고자 한다면

昊	天	罔	極
日旦昊昊昊	一二チ天	冂冂門門罔罔	木杠枑極極
하 늘 호	하 늘 천	없 을 망	다 할 극

昊天罔極(호천망극) 하늘처럼 다함이 없도다.

父	母	呼	我
ノ ハ父	乙口口母母	口叮叮呼呼	二手我我我
아비부	어미모	부를호	나 아

父母呼我(부모호아) 부모가 나를 부르시거든

唯	而	趨	之
口叶叶唯唯	一丌而而	土走赹赹趨	丶ゥ之
오직유	말이을이	달릴추	갈 지

唯而趨之(유이추지) 곧 대답하고 달려갈지니라

父	母	之	命
ノ ハ父	乙口口母母	丶ゥ之	人合合命命
아비부	어미모	갈 지	명령명

父母之命(부모지명) 부모의 명령은

勿	逆	勿	怠
ノ勺勺勿	屰屰逆逆	ノ勺勺勿	台台怠怠
말 물	거스릴역	말 물	게으를태

勿逆勿怠(물역물태) 거스르지도 말고 게을리하지도 말라.

侍	坐	親	前
亻 亻 佇 侍 侍	人 火 坐 坐	辛 辛 亲 親 親	一 广 前 前 前
모실 시	앉을 좌	친할 친	앞 전

侍坐親前 (사좌친전) 어버이 앞에 모시고 앉을 때는

勿	踞	勿	臥
丿 勹 勿 勿	口 吊 距 跙 踞	丿 勹 勿 勿	丨 丆 厈 臣 臥
말 물	걸터앉을 거	말 물	누울 와

勿踞勿臥 (물거물와) 걸터앉지도 눕지도 말라.

對	案	不	食
业 坣 坣 對 對	宀 安 安 宰 案	一 丆 不 不	人 合 倉 食 食
대답할 대	책상 안	아니 불	먹을 식

對案不食 (대안불식) 밥상을 대하고 먹지 않는 것은

必	得	良	饌
丷 心 必 必	彳 伄 得 得 得	ㄱ ㅋ 自 良 良	人 倉 饌 饌 饌
반드시 필	얻을 득	어질 양	반찬 찬

必得良饌 (필득양찬) 좋은 반찬을 생각하는 것이 된다.

父	母	有	病
ノ ハ グ父	L ﾛ ﾛ 母母	ノ ナ ナ 冇 有有	亠 广 疒 病病
아 비 부	어 미 모	있 을 유	병 병

父母有病(부모유병) 부모가 병환이 있으시거든

憂	而	謀	療
一 百 西 惪 憂	一 ｢ 丙 而而	言 計 註 謀謀	广 疒 疒 瘔療
근 심 우	말이을 이	꾀 할 모	병고칠 료

憂而謀療(우이모료) 근심하여 치료할 것을 꾀하라.

裏	糧	以	送
甲 亩 亩 寠 裏	米 粈 糧 糧糧	ｌ ｌ 以 以	ヘ 쓰 쏮 送送
쌀 과	양 식 량	써 이	보 낼 송

裏糧以送(과량이송) 양식을 싸서 보내 주시면

勿	懶	讀	書
ノ ケ 勺 勿	忄 忭 忄 懶懶	言 讀 讀 讀讀	ﾋ ﾖ 聿 書書
말 물	게으릴 라	읽 을 독	글 서

勿懶讀書(물라독서) 독서하기를 게을리 말라.

父	母	唾	痰
′ ハ グ父	ㄴ 口 耳 母 母	丨 叮 唾 唾 唾	广 疒 疒 痰 痰
아비부	어미모	침 타	가래담

父母唾痰(부모타담) 부모님의 침이나 가래는

每	必	覆	之
ᓭ ㄷ 勾 每 每	′ ノ 必 必 必	覀 覂 覂 覆 覆	′ ㅗ 之
매 양 매	반드시 필	덮 을 부	갈 지

每必覆之(매필부지) 매번 반드시 덮어야 하니라.

若	告	西	適
ᶜᶜ 丷 芋 若 若	ᅩ 屮 生 告 告	一 冂 丙 西 西	ᅲ 咼 商 滴 適
만 약 약	고 할 고	서 녁 서	마 침 적

若告西適(약고서적) 서쪽으로 간다고 말씀드리고서

不	復	東	往
一 ア 不 不	彳 彳 徨 伊 復	冂 甫 東 東 東	彳 彳 社 往 往
아 니 불	회복할 복	동 녁 동	갈 왕

不復東往(불복동왕) 동쪽으로는 가지 말라.

出	必	告	之
｜ 屮 屮 出 出	ノ 义 必 必	一 屮 牛 告 告	、 丆 之
날 출	반드시 필	고할 고	갈 지

出必告之(출필고지) 나갈 때는 반드시 고하고

返	必	拜	謁
厂 反 反 返 返	、 ノ 义 必 必	一 三 手 拜 拜	言 評 謁 謁 謁
돌아올 반	반드시 필	절 배	아뢸 알

返必拜謁(반필배알) 돌아와서는 반드시 아뢰어라

立	則	視	足
、 亠 产 立 立	刀 目 貝 則 則	一 亓 神 視 視	口 マ ア ア 足 足
설 입	곧 즉	볼 시	발 족

立則視足(입즉시족) 서서는 반드시 발을 보고

坐	則	視	膝
人 华 坐 坐 坐	刀 目 貝 則 則	一 亓 神 視 視	刀 脐 脐 脐 膝
앉을 좌	곧 즉	볼 시	무릎 슬

坐則視膝(좌즉시슬) 앉아서는 반드시 무릎을 보라.

昏 必 定 褥

| 지 물 혼 | 반드시 필 | 정할 정 | 요 욕 |

昏必定褥(혼필정욕) 저녁에는 반드시 요를 정하고

晨 必 省 候

| 새 벽 신 | 반드시 필 | 살 필 성 | 살 필 후 |

晨必省候(신필성후) 새벽에는 반드시 안후를 살피라.

父 母 愛 之

| 아 비 부 | 어 미 모 | 사 랑 애 | 갈 지 |

父母愛之(부모애지) 부모가 나를 사랑하시거든

喜 而 勿 忘

| 기 쁠 희 | 말이을 이 | 말 물 | 잊 을 망 |

喜而勿忘(희이물망) 기뻐하여 잊지 말라

父	母	惡	之
´ ハ ゲ 父	∟ 口 口 母 母	一 亞 亞 惡 惡	´ ㄅ 之
아 비 부	어 미 모	미워할 오	갈 지

父母惡之(부모오지) 부모가 나를 미워하시더라도

懼	而	勿	怨
ˮ 忄 忄 恨 懼	一 丆 而 而 而	´ ㄅ ㄅ 勿	ㄅ ㄅ 夘 夗 怨
두려울 구	말이을 이	말 물	원망할 원

懼而勿怨(구이물원) 두려워하고 원망하지 말아라.

行	勿	慢	步
彳 行 行	´ ㄅ ㄅ 勿	ˮ 忄 忄 恨 慢	⌐ ⊦ 少 少 步
갈 행	말 물	거만할 만	걸 을 보

行勿慢步(행물만보) 걸음을 거만하게 걷지 말고

坐	勿	倚	身
ᆺ ᆺ 小 坐 坐	´ ㄅ ㄅ 勿	亻 伫 伫 倚 倚	⌐ ㄅ 月 身 身
앉 을 좌	말 물	의지할 의	몸 신

坐勿倚身(좌물의신) 앉을 때에는 몸을 기대지 말라.

勿	立	門	中
ノ ク 勺 勿	・ 一 十 立 立	l l' l'' 門 門	l 口 口 中
말 물	설 립	문 문	가운데 중

勿立門中(물립문중) 문 가운데에 서지 말고

勿	坐	房	中
ノ ク 勺 勿	人人 坐 坐 坐	厂 尸 严 房 房	l 口 口 中
말 물	앉을 좌	방 방	가운데 중

勿坐房中(물좌방중) 방 한가운데 앉지 말라.

鷄	鳴	而	起
幺 奚 鷄 鷄 鷄	叮 吖 嗚 鳴 鳴	一 丆 丙 而 而	土 耂 走 起 起
닭 계	울 명	말이을 이	일어날 기

鷄鳴而起(계명이기) 닭이 우는 새벽에 일어나서

必	盥	必	漱
・ ソ 必 必 必	F 臥 臤 盥 盥	・ ソ 必 必 必	氵 沭 漱 漱
반드시 필	손씻을 관	반드시 필	양치할 수

必盥必漱(필관필수) 반드시 세수하고 하라

言	語	必	愼
一 二 三 言 言	言 訂 語 語 語	` ゾ 必 必 必	忄 忄 愼 愼 愼
말씀 언	말씀 어	반드시 필	삼가할 신

言語必愼(언어필신) 말을 반드시 삼가하고

居	處	必	恭
一 尸 尸 居 居	一 广 庐 虎 處	` ゾ 必 必 必	一 艹 恭 恭 恭
살 거	곳 처	반드시 필	공손할 공

居處必恭(거처필공) 거처는 반드시 공손히 하라.

始	習	文	字
人 女 女 妒 始	了 ヲ 羽 習 習	` 亠 ナ 文	` 宀 宁 字
비로소 시	익힐 습	글월 문	글자 자

始習文字(시습문자) 비로소 글자를 익힘에는

字	劃	楷	正
` 宀 宁 字	一 聿 書 畫 劃	木 杧 松 桙 楷	一 丁 下 正 正
글자 자	가를 획	본뜰 해	바를 정

字劃楷正(자획해정) 자획을 바르고 똑똑하게 하라.

父	母	之	年
㇒ ハ少父	し口母母母	㇔ 一之	㇒ 一午午年
아비 부	어미 모	갈 지	해 년

父母之年(부모지년) 부모님의 나이는

不	可	不	知
一プ不不	一丁丁可可	一プ不不	㇒ 一矢知知
아니 불	옳을 가	아니 부	알 지

不可不知(불가부지) 알지 않을 수 없다.

飮	食	雖	惡
夕슬食飮飮	人슬食食食	吕虽剏雖雖	一亞惡惡惡
마실 음	먹을 식	비록 수	모질 악

飮食雖惡(음식수악) 음식이 비록 좋지 않을지라도

與	之	必	食
𠄌𦥯臼與與	㇔ 一之	㇔ 丿必必必	人슬食食食
줄 여	갈 지	반드시 필	먹을 식

與之必食(여지필식) 주시면 반드시 먹어야 하고

衣	服	雖	惡
一ナ才衣衣	丿刀月肌服	吕虽봙봙雖	一芇亞惡惡
옷 의	입 을 복	비 록 수	모 질 악

衣服雖惡(의복수악) 의복이 비록 나쁘더라도

與	之	必	着
臼臼與	丶宀之	丶丿必必必	芏羊着
줄 여	갈 지	반드시 필	붙 을 착

與之必着(여지필착) 주시거든 반드시 입어라.

衣	服	帶	鞋
一ナ才衣衣	丿刀月肌服	一世芇帶帶	廿革鞋鞋
옷 의	입 을 복	띠 대	가죽신 혜

衣服帶鞋(의복대혜) 의복과 혁대와 신발은

勿	失	勿	裂
丿勹勿勿	丶一二生失	丿勹勿勿	歹列裂裂裂
말 물	잃 을 실	말 물	찢 을 열

勿失勿裂(물실물열) 잃어버리지도 말고 찢지도 말라.

寒	不	敢	襲
宀宀宀寒寒	一ア不不	一耳耳耵敢	青龍龍龔襲
찰 한	아니 불	감히 감	엄할 습

寒不敢襲(한불감습) 춥다고 감히 옷을 껴입지 말고

暑	勿	褰	裳
旦昻昇暑暑	丿勹勿勿	宀宀宀褰褰	艹堂堂堂裳
더울 서	말 물	걷어올릴 건	치마 상

暑勿褰裳(서물건상) 덥다고 치마를 걷지 말라.

夏	則	扇	枕
一丆百夏夏	冂目貝則則	厂尸戸扇扇	十木朳枕枕
여름 하	곧 즉	부채 선	베개 침

夏則扇枕(하즉선침) 여름에는 부모님이 베개 베신 데를 부채질하여 드리고

冬	則	溫	被
丿夂冬冬冬	冂目貝則則	氵沪沪泗溫	衤衤衫衫被
겨울 동	곧 즉	따뜻할 온	이불 피

冬則溫被(동즉온피) 겨울에는 이불을 따뜻하게 하여 드린다.

侍	坐	親	側
亻 亻 亻 侍 侍	𠆢 𠆢 𠆢 坐	立 辛 亲 親 親	亻 伃 但 俱 側
모실 시	앉을 좌	어버이 친	곁 측

侍坐親側(시좌친측) 어버이 곁에 모시고 앉을 때는

進	退	必	恭
亻 什 隹 進 進	ㄱ 尸 艮 退 退	丶 丿 必 必 必	一 共 恭 恭 恭
나아갈 진	물러갈 퇴	반드시 필	공손할 공

進退必恭(진퇴필공) 나아가고 물러감을 반드시 공손히하고

膝	前	勿	坐
刀 肤 胪 胪 膝	亠 广 肖 肯 前	丿 勹 勹 勿	𠆢 𠆢 𠆢 坐
무릎 슬	앞 전	말 물	앉을 좌

膝前勿坐(슬전물좌) 어른 무릎 앞에 앉지 말며

親	面	勿	仰
立 辛 亲 親 親	厂 丙 而 而 面	丿 勹 勹 勿	亻 仁 们 仰
친할 친	낯 면	말 물	우러를 앙

親面勿仰(친면물앙) 어버이 얼굴을 똑바로 쳐다보지 말라.

父	母	臥	命
ノ ハ ゲ 父	ㄴ 口 口 母 母	丨 ㄈ ㄈ 臣 臥	人 ㅅ 合 命 命
아 비 부	어 미 모	누 울 와	목 숨 명

父母臥命(부모와명) 부모님이 누워서 명하시면

俯	首	聽	之
广 伫 俯 俯 俯	一 ソ 产 首 首	广 丨 丬 聰 聽	ノ 丿 之
구부릴 부	머 리 수	들 을 청	갈 지

俯首聽之(부수청지) 머리를 숙이고 들을 것이니라

居	處	靖	靜
一 尸 尸 居 居	一 广 庐 虍 處	立 立 靖 靖 靖	丰 青 靜 靜 靜
살 거	곳 처	편안할 정	고요할 정

居處靖靜(거처정정) 거처는 평안하고 고요히 하며

步	履	安	詳
丨 ㅏ 步 牛 步	尸 尸 屑 履 履	丶 宀 它 安 安	言 言 計 詳 詳
걸 을 보	밟 을 리	편안할 안	자세할 상

步履安詳(보리안상) 걸음을 편안하게 자세히 하라.

飽食暖衣 (포식난의) 배불리 먹고 따뜻이 입으며

逸居無教 (일거무교) 편히 살면서 가르치지 않으면

即近禽獸 (즉근금수) 곧 금수에 가까이 될 것이니 (짐승이란 뜻)

聖人憂之 (성인우지) 성인은 그것을 걱정하시니라.

愛	親	敬	兄
爫爫恶愛愛	立辛亲親親	艹苟苟敬敬	口口尸兄
사랑 애	어버이 친	공경 경	맏 형

愛親敬兄(애친경형) 어버이를 사랑하고 형을 공경함은

良	知	良	能
丁彐自自良	丿仁矢知知	丁彐自自良	厶育育能能
어질 양	알 지	어질 양	능할 능

良知良能(양지양능) 타고난 앎이요 타고난 능력이니라.

口	勿	雜	談
丨冂口	丿勹勿勿	立杂郣新雜	言訁訟談談
입 구	말 물	섞일 잡	말씀 담

口勿雜談(구물잡담) 입으로는 잡담을 하지 말 것이며

手	勿	雜	戲
一二三手	丿勹勿勿	立杂郣新雜	广广虘戲戲
손 수	말 물	섞일 잡	놀 희

手勿雜戲(수물잡희) 손으로는 잡된 장난을 하지 말라.

广疒疒疒寢	冂月貝則則	冂亘車連連	人스슾숧숧
잘 침	곧 즉	연할 연	이불 금

寢則連衾 (침즉연금) 잘 때에는 이불을 연대서 자고

人今食食食	冂月貝則則	丨冂冂同同	宀安安案案
먹을 식	곧 즉	한가지 동	책상 안

食則同案 (식즉동안) 먹을 때에는 밥상을 함께 하라.

亻代借借借	丿人	冂卅典典典	竹竹竿籍籍
빌어올 차	사람 인	법 전	책 적

借人典籍 (차인전적) 남의 책을 빌려 오거든

丿勹勿勿	𦣞臼毁毁	丶丷必必必	宀宀宇完
말 물	헐 훼	반드시 필	완전할 완

勿毁必完 (물훼필완) 헐지 말고 반드시 온전하게 하라.

兄	無	衣	服
丨丨口尸兄	ノノニ無無無	一ナ立な衣	几月月肥服
맏 형	없을무	옷 의	입을복

兄無衣服(형무의복) 형에게 의복이 없으면

弟	必	獻	之
゛ゞ当弟弟	ゝ丿必必必	广庐虐獻獻	ゝナ之
아 우 제	반드시필	드릴헌	갈 지

弟必獻之(제필헌지) 동생은 반드시 드려야 하고

弟	無	飲	食
゛ゞ当弟弟	ノノニ無無無	今今食貪飲	人合食食食
아 우 제	없을무	마실음	먹을식

弟無飲食(제무음식) 동생이 먹을 것이 없으면

兄	必	與	之
丨丨口尸兄	ゝ丿必必必	「F户崩與與	ゝナ之
맏 형	반드시필	줄 여	갈 지

兄必與之(형필여지) 형은 마땅히 주어야 하니라.

兄	飢	弟	飽
丷口尸兄	𠆢𩙿𩙿飣飢	丷丷弟弟弟	𠆢𩙿飣飴飽
맏 형	주릴 기	아우 제	베부를 포

兄飢弟飽 (형기제포) 형이 굶는데 동생만 배부르다면

禽	獸	之	遂
𠆢𠆢禽禽禽	𨸏𨸏𨸏獸獸	丶亠之	𠆢亠豕豕遂
새 금	짐승 수	갈 지	따를 수

禽獸之遂 (금수지수) 금수가 할 짓이라

兄	弟	之	情
丷口尸兄	丷丷弟弟弟	丶亠之	忄忄情情情
맏 형	아우 제	갈 지	뜻 정

兄弟之情 (형제지정) 형제간의 정은

友	愛	而	已
一ナ方友	爫爫惡愛愛	一丆丙而而	𠃌𠃌已
벗 우	사랑 애	말이을 이	말 이

友愛而已 (우애이이) 서로 우애할 따름이니라.

飲	食	親	前
ㅅㅅ숌숌飮	ㅅ숌숌食食	ㅍ辛辛親親	ㅗ广前前前
마실음	먹을식	친할친	앞 전

飲食親前(음식친전) 어버이 앞에서 음식을 먹을 때에는

勿	出	器	聲
ノ勹勹勿	ㅣㅂㅂ出出	ㅁㅁㅁ哭哭器	벽声殸殸聲
말 물	날 출	그릇기	소리성

勿出器聲(물출기성) 그릇 소리를 내지 말라

居	必	擇	隣
ㅁㄹㄹ居居	ㆍ丿必必必	扌扩择择擇	ㄹ阝际隣隣
살 거	반드시 필	가릴택	이웃린

居必擇隣(거필택린) 거처는 반드시 이웃을 가려 하고

就	必	有	德
亠亰亰就就	ㆍ丿必必必	ノナ十冇有	彳佇德德德
나아갈 취	반드시 필	있을 유	큰 덕

就必有德(취필유덕) 나아감에는 반드시 유덕한 이에게 가라.

父	母	衣	服
′ ハ グ 父	ㄴ ㅁ 母 母 母	一 ナ 亠 衣 衣	) 月 月 服 服
아비부	어미모	옷 의	입을복

父母衣服(부모의복) 부모님의 의복은

勿	踰	勿	踐
′ ′ 勹 勿	묘 跗 跗 踰 踰	′ ′ 勹 勿	묘 跘 跙 踐 踐
말 물	넘을유	말 물	밟을천

勿踰勿踐(물유물천) 넘지도 말고 밟지도 말라.

書	机	書	硯
ㄱ ョ 聿 書 書	一 十 木 机 机	ㄱ ョ 聿 書 書	ノ 石 矶 硯 硯
글 서	책상궤	글 서	벼루연

書机書硯(서궤서연) 책상과 벼루는

自	黥	其	面
′ 自 自 自	口 四 里 黥	一 廿 其 其 其	厂 丆 而 而 面
스스로 자	자자할 경	그 기	낯 면

自黥其面(자경기면) 그 바닥을 정면으로부터 하라.

勿 ノ勹勿勿 — 말 물
與 「「臼與與與 — 더불을 여
人 ノ人 — 사람 인
鬪 「「「「門門鬪 — 싸울 투

勿與人鬪(물여인투) 남과 함께 싸우지 말 것이며

父 ノハグ父 — 아비 부
母 ㄴㄇ丹母母 — 어미 모
憂 一面面恩憂 — 근심 우
之 丶ㄅ之 — 갈 지

父母憂之(부모우지) 부모가 그것을 근심하느니라.

出 ㅣ屮屮出出 — 날 출
入 ノ入 — 들 입
門 ㅣ冂冃門門 — 문 문
戶 一厂戶戶 — 집 호

出入門戶(출입문호) 문을 들고 날 때에는

開 ㅣ冂門門開 — 열 개
閉 「冂門門閉 — 닫을 폐
必 丶ソ必必必 — 반드시 필
恭 一芏恭恭恭 — 공손할 공

開閉必恭(개폐필공) 열고 닫음을 반드시 공손히 하라.

紙 ㅈ 糸 糸 紅 紆 紙　종이 지
筆 ㅅ 竹 筆 筆 筆　붓 필
硯 ㄱ 石 砑 硯 硯　벼루 연
墨 ㄱ 罒 甲 黑 墨　먹 묵

紙筆硯墨(지필연묵) 종이와 붓과 벼루와 먹은

文 丶 亠 ナ 文　글월 문
房 厂 尸 戶 房 房　방 방
四 丨 冂 冖 四 四　넉 사
友 一 ナ 方 友　벗 우

文房四友(문방사우) 글방의 네 벗이다.

晝 ⺆ 聿 書 書 晝　낮 주
耕 三 丰 耒 耘 耕　밭 갈 경
夜 亠 亣 夜 夜 夜　밤 야
讀 言 讀 讀 讀 讀　읽을 독

晝耕夜讀(주경야독) 낮엔 밭 갈고, 밤엔 글을 읽고

夏 一 厂 百 夏 夏　여름 하
禮 示 礻 禮 禮 禮　예도 례
春 二 夫 春 春　봄 춘
詩 言 訁 詩 詩 詩　시 시

夏禮春詩(하례춘시) 여름에는 예를, 봄에는 시를 배운다.

言	行	相	違
一二言言言	彳行行	十木相相相	一音章違違
말 씀 언	행 할 행	서 로 상	어 길 위

言行相違(언행상위) 말과 행실이 서로 어기어지면

辱	及	于	先
厂尸尸辱辱	丿及及	一二于	丿一牛先先
욕 욕	미 칠 급	어조사 우	먼 저 선

辱及于先(욕급우선) 욕이 선영에게 미친다.

行	不	如	言
彳行行	一ア不不	乚乆奵如如	一二言言言
행 할 행	아 니 불	같 을 여	말 씀 언

行不如言(행불여언) 행실이 말과 같지 않으면

辱	及	于	身
厂尸尸辱辱	丿及及	一二于	丿勹月身身
욕 욕	미 칠 급	어조사 우	몸 신

辱及于身(욕급우신) 욕이 몸에 미치니라.

事	親	至	孝
일 사	친할 친	지극할 지	효도 효

事親至孝(사친지효) 어버이를 섬김에는 지극히 효도하고

養	志	養	體
기를 양	뜻 지	기를 양	몸 체

養志養體(양지양체) 뜻을 받들고 몸을 잘 봉양해 드려야 한다.

雪	裡	求	筍
눈 설	속 리	구할 구	죽순 순

雪裡求筍(설리구순) 눈 속에서 죽순을 구해 옴은

孟	宗	之	孝
맏 맹	마루 종	갈 지	효도 효

孟宗之孝(맹종지효) 맹종의 효도요

叩	氷	得	鯉
丨 冂 口 叮 叩	丿 刁 刈 氷 氷	彳 彳 彳 得 得 得	勹 叴 魚 魪 鯉
두드릴 고	얼음 빙	얻을 득	잉어 리

叩氷得鯉(고빙득리) 얼음을 깨뜨려서 잉어를 얻음은

王	祥	之	孝
一 丁 干 王	礻 礻 礻 祚 祥	丶 亠 之	土 耂 耂 孝 孝
임금 왕	조짐 상	갈 지	효도 효

王祥之孝(왕상지효) 왕상의 효도니라. (최고의 효도뜻)

晨	必	先	起
旦 尸 尸 晨 晨	丶 丷 必 必 必	丿 亠 屮 牛 先	土 耂 走 起 起
새벽 신	반드시 필	먼저 선	일어날 기

晨必先起(신필선기) 새벽에는 반드시 먼저 일어나고

暮	須	後	寢
一 草 草 莫 暮	彡 彳 沂 須 須	彳 彳 彳 後 後	宀 疒 疒 疒 寢
저물 모	모름지기수	뒤 후	잘 침

暮須後寢(모수후침) 저녁에는 모름지기 부모님보다 늦게 잠을 잘 것이라.

冬	溫	夏	淸
ノ ク 夂 冬 冬	氵 汀 汨 渭 溫	一 百 頁 夏 夏	氵 汁 淸 淸 淸
겨 울 동	따뜻할 온	여 름 하	서늘할 청

冬溫夏淸(동온하청) 겨울에는 따뜻하게, 여름에는 서늘하게 해드리고

昏	定	晨	省
匚 斥 氐 昏 昏	宀 宀 宇 定 定	日 尸 星 晨 晨	ノ 小 少 省 省
저 물 혼	정 할 정	새 벽 신	살 필 성

昏定晨省(혼정신성) 저녁에는 자리를 펴드리고 새벽에는 안후를 살펴야 한다.

出	不	易	方
丨 屮 屮 出 出	一 丆 不 不	冂 日 昜 易	亠 方 方
날 출	아 니 불	바 꿀 역	방 향 방

出不易方(출불역방) 밖으로 나갈 때에는 가는 곳을 바꾸지 말고

游	必	有	方
氵 汸 汸 游 游	ノ 必 必 必	ノ 广 冇 有 有	亠 方 方
놀 유	반드시 필	있 을 유	방 향 방

游必有方(우필유방) 나가서 놀 때에는, 그 노는 곳이 분명해야 한다.

身 `丿 勹 勺 身 身` 몸 신
體 `丷 骨 骨 體 體` 몸 체
髮 `丨 县 髟 髟 髮` 터럭발
膚 `广 广 庐 庐 膚` 피부부

身體髮膚(신체발부) 신체와 머리카락과 살갖은

受 `⼀ ⼉ 严 受 受` 받을 수
之 `丶 宀 之` 갈 지
父 `丿 丷 父 父` 아비부
母 `乚 口 囚 囚 母` 어미 모

受之父母(수지부모) 부모로부터 받은 것이다.

不 `⼀ 丆 丆 不` 아니불
敢 `二 垂 垂 敢 敢` 감히 감
毁 `丿 臼 毁 毁 毁` 헐 훼
傷 `亻 仴 伃 傷 傷` 상할 상

不敢毁傷(불감훼상) 감히 상하게 하지 않는 것이

孝 `十 耂 耂 孝 孝` 효도효
之 `丶 宀 之` 갈 지
始 `乚 乆 女 妒 始` 처음시
也 `乛 九 也` 이끼 야

孝之始也(효지시야) 효도의 시작이요

立　身　行　道
설 입　몸 신　행 할 행　길 도
立身行道(입신행도) 출세하여 도를 행하고
揚　名　後　世
날 릴 양　이 름 명　뒤 후　인 간 세
揚名後世(양명후세) 이름을 후세에 날리어
以　顯　父　母
써 이　나타날 현　아 비 부　어 미 모
以顯父母(이현부모) 부모의 명성을 드러냄이
孝　之　終　也
효 도 효　갈 지　마 칠 종　이 끼 야
孝之終也(효지종야) 효도의 마침이니라.

言必忠信(언필충신) 말은 반드시 충성스럽고 진실하게 하고

行必篤敬(행필독경) 행실은 반드시 진실하고 공손히 하라.

見善從之(견선종지) 선을 보거든 그것을 따르고

知過必改(지과필개) 허물을 알았거든 반드시 고쳐야 한다.

容貌端莊 (용모단장) 용모는 단정하고 씩씩하게 하며

衣冠肅整 (의관숙정) 의복과 모자는 엄숙히 정제하라.

作事謀始 (작사모시) 일을 할 때에는 처음을 꾀하고

出言顧行 (출언고행) 말을 할 때에는 행할 것을 돌아 보라.

常	德	固	持
떳떳할 상	큰 덕	굳을 고	가질 지

常德固持(상덕고지) 떳떳한 덕을 굳게 지니고

然	諾	 重	應
그럴 연	대답할 낙	무거울 중	응할 응

然諾重應(연낙중응) 대답을 할 때에는 신중하게 응하라.

飮	食	 愼	節
마실 음	먹을 식	삼가할 신	마디 절

飮食愼節(음식신절) 음식을 삼가 절제하고

言	爲	恭	順
말씀 언	할 위	공경할 공	순할 순

言爲恭順(언위공순) 말씨는 공손하게 하라.

起	居	坐	立
土 キ 走 起 起	一 尸 尸 居 居	人人 癶 坐 坐	′ 亠 六 立 立
일어날기	살 거	앉을좌	설 립

起居坐立(기거좌립) 일어나고 앉으며, 앉아 있고 서 있는 것이

行	動	擧	止
彳 行 行	亍 亓 重 動 動	臣 臼 與 與 擧	丨 卜 止 止
행 할 행	움직일동	들 거	그 칠 지

行動擧止(행동거지) 다름아닌 행동거지니라.

禮	義	廉	恥
示 礻 禮 禮 禮	亠 差 孝 義 義	广 庐 庐 廉 廉	耳 耳 耳 耻 恥
예 도 예	옳 을 의	청렴할 염	부끄러울치

禮義廉恥(예의염치) 예와 의와 염과 치를 지켜야 하니

是	謂	四	維
口 日 早 昻 是	言 謂 謂 謂 謂	丨 冂 冈 四 四	幺 牟 糸 紻 維
이 시	이를위	넉 사	맬 유

是謂四維(시위사유) 이것을 사유라 하니라.

德	業	相	勸
彳 徃 德 德 德	" "" 丵 丵 業	十 木 朼 相 相	艹 茻 藿 藋 勸
큰 덕	업 업	서 로 상	권할 권

德業相勸(덕업상권) 덕업은 서로 권하고

過	失	相	規
⼞ 咼 咼 渦 過	' 一 ㇒ 失 失	十 木 朼 相 相	二 夫 刦 規 規
허 물 과	잃 을 실	서 로 상	법 규

過失相規(과실상규) 과실은 서로 규제 하여

禮	俗	相	交
示 礻 禃 禮 禮	彳 伀 伀 俗 俗	十 木 朼 相 相	' 亠 六 交 交
예 도 예	풍 속 속	서 로 상	사 귈 교

禮俗相交(예속상교) 예의와 풍속으로 서로 사귀고

患	難	相	恤
⼞ 吕 串 患 患	艹 茣 羮 難 難	十 木 朼 相 相	'' 忄 忄 恤 恤
근 심 환	어려울 난	서 로 상	구제할 휼

患難相恤(환난상휼) 환난을 당했을 때에는 서로 구휼하라.

父	義	母	慈
´ ハ ク 父	[illegible]con 善 善 義 義	乚 口 母 母 母	丷 宦 兹 慈 慈
아비 부	옳을 의	어미 모	사랑 자

父義母慈 (부의모자) 아버지는 의롭고 어머니는 자애롭고

兄	友	弟	恭
口 口 尸 兄	一 ナ 方 友	丷 쓸 弟 弟	一 共 恭 恭 恭
맏 형	벗 우	아우 제	공손할 공

兄友弟恭 (형우제공) 형은 우애하고 동생은 공손할 것이며

夫	婦	有	恩
一 二 夫 夫	女 妒 妒 婦 婦	ノ ナ 冇 有 有	门 因 因 恩 恩
남편 부	아내 부	있을 유	은혜 은

夫婦有恩 (부부유은) 부부는 은혜로움이 있어야 하고

男	女	有	別
门 田 田 男 男	人 女 女	ノ ナ 冇 有 有	口 口 号 別 別
사내 남	계집 녀	있을 유	다를 별

男女有別 (남녀유별) 남녀는 분별이 있어야 한다.

貧	窮	患	難
가난할 빈	궁할 궁	근 심 환	어려울 난

貧窮患難(빈궁환난) 빈궁이나 환난에는

親	戚	相	救
친 할 친	친 척 척	서 로 상	도 울 구

親戚相救(친척상구) 친척끼리 서로 구휼하고

婚	姻	死	喪
혼인할 혼	혼인할 인	죽 을 사	초 상 상

婚姻死喪(혼인사상) 혼인이나 초상에는

隣	保	相	助
이 웃 인	보호할 보	서 로 상	도 울 조

隣保相助(인보상조) 이웃끼리 서로 도와야 한다.

在家從父(재가종부) 집에 있을 때에는 아버지를 따르고

適人從夫(적인종부) 시집가서는 남편을 따르고

夫死從子(부사종자) 남편이 죽은 후에는 자식을 따라야 하니

是謂三從(시위삼종) 이것을 삼종지도라 한다.

元	亨	利	貞
一 二 テ 元	一 亠 亠 亨 亨	二 千 禾 利 利	卜 内 貞 貞
으 뜸 원	형통할 형	이로울 이	곧 을 정

元亨利貞(원형이정) 원, 형, 이, 정은

天	道	之	常
一 二 チ 天	亠 首 首 道 道	丶 之 之	丷 丬 尚 常 常
하 늘 천	길 도	갈 지	떳떳할 상

天道之常(천도지상) 천도의 떳떳함이요

仁	義	禮	智
丿 亻 仁 仁	亠 羊 羔 義 義	示 礻 禮 禮 禮	一 矢 知 智 智
어 질 인	옳 을 의	예 도 예	지 혜 지

仁義禮智(인의예지) 인, 의, 예, 지는

人	性	之	綱
丿 人	丶 忄 忄 性 性	丶 之 之	幺 糸 綱 綱 綱
사 람 인	상 품 성	갈 지	벼 리 강

人性之綱(인성지강) 인성의 벼리라.

非	禮	勿	視
아닐비	예도례	말 물	볼 시

非禮勿視(비례물시) 예가 아니거든 보지 말며

非	禮	勿	聽
아닐비	예도례	말 물	들을청

非禮勿聽(비례물청) 예가 아니거든 듣지 말고

非	禮	勿	言
아닐비	예도례	말 물	말씀언

非禮勿言(비례물언) 예가 아니거든 말하지 말며

非	禮	勿	動
아닐비	예도례	말 물	움직일동

非禮勿動(비례물동) 예가 아니거든 움직이지도 말라.

孔	孟	之	道
구 멍 공	맏 맹	갈 지	길 도

孔孟之道 (공맹지도) 공자와 맹자의 도와

程	朱	之	學
법 정	붉을 주	갈 지	배울 학

程朱之學 (정주지학) 정주의 배움은

正	其	誼	而
바를 정	그 기	옳을 의	말이을 이

正其誼而 (정기의이) 그 의를 바르게 할 뿐

不	謀	其	利
아니 불	꾀할 모	그 기	이로울 리

不謀其利 (불모기리) 그 이익을 꾀하지 아니하며

明
刀 日 叨 明 明
밝을 명
其
一 廿 其 其 其
그 기
道
丷 首 首 道 道
길 도
而
一 丆 丙 而 而
말이을 이
明其道而(명기도이) 그 도를 밝게 할 뿐이며
不
一 丆 不 不
아니 불
計
言 言 計 計
계산 계
其
一 廿 其 其 其
그 기
功
一 丁 工 功 功
공 공
不計其功(불계기공) 그 공을 계교하지 아니한다.
終
幺 糸 終 終 終
마칠 종
身
丿 冂 冃 身 身
몸 신
讓
言 讓 讓 讓 讓
사양할 양
路
口 足 趵 路 路
길 로
終身讓路(종신양로) 남에게 평생 길을 양보하더라도
不
一 丆 不 不
아니 불
枉
一 十 朼 枉 枉
굽힐 왕
百
一 丆 百 百 百
일백 백
步
丨 止 步 步 步
걸을 보
不枉百步(불왕백보) 백보를 굽히지는 않을 것이요

終	身	讓	畔
糸糸約終終	′勹自自身身	言訳諄諄讓讓	冂田畔畔畔
마 칠 종	몸 신	사양할 양	두둑 반

終身讓畔(종신양반) 한평생 밭둑을 양보한다 해도

不	失	一	段
一ブオ不	′二失失	一	「手段段段
아 니 부	잃 을 실	한 일	층 계 단

不失一段(부실일단) 일단보를 잃지는 않을 것이다.

天	開	於	子
一二チ天	｜門門門開	方方於於	了子
하 늘 천	열 릴 개	어조사 어	아 들 자

天開於子(천개어자) 하늘이 자식에 열리고

地	闢	於	丑
圠地地	門門門闢闢	方方於於	丑丑丑
땅 지	열 벽	어조사 어	소 축

地闢於丑(지벽어축) 땅이 축시에 열리니라.

人	生	於	寅
ノ人	ノ ヒ 牛 生 生	二 方 方 於 於	宀 宀 宙 寅 寅
사 람 인	날 생	어조사 어	범 인

人生於寅(인생어인) 사람이 인시에 태어나니

是	謂	太	古
口 日 부 昰 是	言 謂 謂 謂 謂	一 ナ 大 太	一 十 古 古 古
이 시	이를위	클 태	옛 고

是謂太古(시위태고) 이 때를 태고라 한다.

君	爲	臣	綱
コ ヨ ヨ 尹 君	爫 爫 爫 爲 爲	丨 厂 臣 臣 臣 臣	糸 糸 網 網 綱
임 금 군	할 위	신 하 신	벼 리 강

君爲臣綱(군위신강) 임금은 신하의 버리가 되고

父	爲	子	綱
ノ ソ グ 父	爫 爫 爫 爲 爲	了 子 子	糸 糸 網 網 綱
아 비 부	할 위	아 들 자	벼 리 강

父爲子綱(부위자강) 아버지는 자식의 버리가 되고

夫 爲 婦 綱
남편 부　할 위　아내 부　벼리 강
夫爲婦綱(부위부강) 남편은 아내의 벼리가 되니

是 謂 三 綱
이 시　이를 위　석 삼　벼리 강
是謂三綱(시위삼강) 이것을 삼강이라 한다.

父 子 有 親
아비 부　아들 자　있을 유　친할 친
父子有親(부자유친) 부모와 자식 사이에는 친함이 있고

君 臣 有 義
임금 군　신하 신　있을 유　옳을 의
君臣有義(군신유의) 임금과 신하 사이에는 의리가 있다.

夫 一二夫夫 남편 부
婦 ㄥ 婦婦婦婦 아내 부
有 ノナオ有有 있을 유
別 ㅁㅁ另別別 다를 별

夫婦有別(부부유별) 남편과 아내 사이에는 분별이 있고

長 ㅣ 튼튼튼長 길 장
幼 ㄥ ㄠ 幻幼 어릴 유
有 ノナオ有有 있을 유
序 ㅡ广庁序序 차례 서

長幼有序(장유유서) 어른과 아이 사이에는 차례가 있으며,

朋 刀月朋朋 벗 붕
友 一ナ方友 벗 우
有 ノナオ有有 있을 유
信 亻仁仁信信 믿을 신

朋友有信(붕우유신) 벗과 벗 사이에는 신의가 있어야 하니

是 ㅁㅁ무무是 이 시
謂 言謂謂謂謂 이를 위
五 一丁五五 다섯 오
倫 亻佮佮佮倫 인륜 륜

是謂五倫(시위오륜) 이것을 오륜이라 한다.

 視	思	必	明
볼 시	생각 사	반드시 필	밝을 명

視思必明(시사필명) 볼 적에는 반드시 밝게 볼 것을 생각하고

 聽	思	必	聰
들을 청	생각 사	반드시 필	귀밝을 총

聽思必聰(청사필총) 들을 적에는 반드시 밝게 들을 것을 생각하라.

 色	思	必	温
빛 색	생각 사	반드시 필	따뜻할 온

色思必温(색사필온) 낯빛은 반드시 온순하게 할 것을 생각하고

貌	思	必	恭
모양 모	생각 사	반드시 필	공손할 공

貌思必恭(모사필공) 얼굴 모습은 반드시 공손하게 할 것을 생각하라.

言 思 必 忠

二 三 言 訁 言　　门 冂 皿 思 思　　丿 必 必 必　　口 中 忠 忠

말씀 언　　생 각 사　　반드시 필　　충 성 충

言思必忠(언사필충) 말을 할 적에는 반드시 충직하게 할 것을 생각하고

事 思 必 敬

一 一 三 写 写 事　　门 冂 皿 思 思　　丶 丿 必 必 必　　艹 竹 句 钓 敬

일　사　　생 각 사　　반드시 필　　공경할 경

事思必敬(사사필경) 일을 계획할 적에는 반드시 삼가할 것을 생각하라.

疑 思 必 問

矣 矣 疑 疑　　门 冂 皿 思 思　　丶 丿 必 必 必　　丨 冂 門 門 問

의심할 의　　생 각 사　　반드시 필　　물 을 문

疑思必問(의사필문) 의문이 나는 것은 반드시 묻고

憤 思 必 難

忄 忄 忛 憤 憤　　门 冂 皿 思 思　　丶 丿 必 必 必　　艹 茸 莫 軒 難

분 할 분　　생 각 사　　반드시 필　　어려울 난

憤思必難(분사필난) 분노가 날 적에는 더욱 어려워질 것을 생각하라.

見	得	思	義
冂 月 目 貝 見	彳 行 谷 得 得	冂 田 田 思 思	亠 羊 弟 義 義
볼 견	얻을 득	생 각 사	옳을 의

見得思義(견득사의) 이득을 봄에는 의를 생각해야 하니

是	謂	九	思
冂 日 문 문 是	言 訓 謂 謂 謂	丿 九	冂 田 田 思 思
이 시	이를 위	아 홉 구	생 각 사

是謂九思(시위구사) 이것을 구사라 한다.

足	容	必	重
口 무 무 足 足	宀 灾 灾 容 容	丶 丿 必 必 必	一 合 合 重 重
발 족	모 양 용	반드시 필	무거울 중

足容必重(족용필중) 발의 모양은 반드시 무겁게 하고

手	容	必	恭
一 二 三 手	宀 灾 灾 容 容	丶 丿 必 必 必	一 共 恭 恭 恭
손 수	모 양 용	반드시 필	공손할 공

手容必恭(수용필공) 손은 반드시 공손하게 하라.

目	容	必	端
丨 丨 丬 目 目	宀 穴 灾 容 容	丶 丿 必 必 必	亠 立 诎 端 端
눈 목	모 양 용	반드시 필	바를 단

目容必端 (목용필단) 눈의 모양은 반드시 단정하게 하고

口	容	必	止
丨 冂 口	宀 穴 灾 容 容	丶 丿 必 必 必	丨 卜 止 止
입 구	모 양 용	반드시 필	그칠 지

口容必止 (구용필지) 입의 모양은 반드시 다물고

聲	容	必	靜
士 卢 殸 殸 聲	宀 穴 灾 容 容	丶 丿 必 必 必	主 青 静 靜 靜
소리 성	모 양 용	반드시 필	고요할 정

聲容必靜 (성용필정) 음성의 모양은 반드시 고요하게 하고

氣	容	必	肅
一 气 気 氛 氣	宀 穴 灾 容 容	丶 丿 必 必 必	一 中 吊 肃 肅
기 운 기	모 양 용	반드시 필	엄숙할 숙

氣容必肅 (기용필숙) 숨쉬는 모양은 반드시 엄숙하게 하라.

머리 두 · 모양 용 · 반드시 필 · 곧을 직

頭容必直(두용필직) 머리의 모양은 반드시 곧게 하고

설 입 · 모양 용 · 반드시 필 · 큰 덕

立容必德(입용필덕) 서 있는 모양은 반드시 덕 있게 하고

빛 색 · 모양 용 · 반드시 필 · 씩씩할 장

色容必莊(색용필장) 얼굴의 모양은 반드시 씩씩하게 해야 하니

이 시 · 이를 위 · 아홉 구 · 모양 용

是謂九容(시위구용) 이것을 구용이라 한다.

修	身	齊	家
亻亻伫修修	丿勹月身身	亠亣斎斎齊	宀宀宇家家
닦을 수	몸 신	정제할 제	집 가

修身齊家(수신제가) 몸을 닦고 집안을 정제함은

治	國	之	本
氵氻治治	冂冋國國國	丶宀之	一十才木本
다스릴 치	나 라 국	갈 지	근 본 본

治國之本(치국지본) 나를 다스리는 근본이며

士	農	工	商
一十士	冂曲農農農	一丁工	亠立咼商商
선비 사	농사 농	장인 공	장사 상

士農工商(사농공상) 선비와 농군과 공인과 상인은

國	家	利	用
冂冋國國國	宀宀宇家家	二千禾利利	丿冂月用
나 라 국	집 가	이로울 이	쓸 용

國家利用(국가이용) 국가의 이로움이다.

鰥	寡	孤	獨
宀鱼鱼鰥鰥	宀宀寡寡寡	了孑孤孤孤	犭犷猸獨獨
홀아비 환	과부 과	외로울 고	홀로 독

鰥寡孤獨 (환과고독) 나이든 홀아비와 과부와 고아와 자식 없는 늙은이는

謂	之	四	窮
言詞謂謂謂	亠丩之	丨冂冂四四	宀宀窃窮窮
이를 위	갈 지	넉 사	궁할 궁

謂之四窮 (위지사궁) 이를 사궁이라 하고

發	政	施	仁
癶癶癶發發	丁下正政政	亠方方施施	丿亻仁仁
필 발	정사 정	베풀 시	어질 인

發政施仁 (발정시인) 정사를 펴고 인을 베풀되

先	施	四	者
丿丄生先先	亠方方施施	丨冂冂四四	土耂耂者者
먼저 선	베풀 시	넉 사	놈 자

先施四者 (선시사자) 먼저 사궁에게 베풀어야 한다.

十室之邑(십실지읍) 열 집 되는 마을에도

必有忠信(필유충신) 반드시 충성되고 믿음 있는 사람이 있다.

元是孝者(원시효자) 원래 효라는 것은

爲仁之本(위인지본) 인을 행하는 근본이다.

言則信實 (언즉신실) 말은 믿음 있고 참되어야 하고

行必正直 (행필정직) 행실은 반드시 정직해야 한다.

一粒之穀 (일립지곡) 한 톨의 곡식이라도

必分以食 (필분이식) 반드시 나누어 먹어야 한다.

一	縷	之	衣
一	幺 糸 糸 縷 縷	丶 ㄱ 之	一 ナ 亡 쥬 衣
한 일	실 루	갈 지	옷 의

一縷之衣(일루지의) 한 점의 의복이라도

必	分	以	衣
丶 ノ 必 必 必	ノ 八 分 分	ㄴ ㅏ 以 以	一 ナ 亡 쥬 衣
반드시 필	나눌 분	써 이	옷 의

必分以衣(필분이의) 반드시 나누어 입어야 한다.

積	善	之	家
禾 利 秆 積 積	丷 䒑 羊 善 善	丶 ㄱ 之	宀 宀 宁 家 家
쌓을 적	착할 선	갈 지	집 가

積善之家(적선지가) 선을 쌓은 집안에는

必	有	餘	慶
丶 ノ 必 必 必	ノ ナ 才 有 有	飠 飠 飿 餘 餘	广 严 严 廤 慶
반드시 필	있을 유	남을 여	경사 경

必有餘慶(필유여경) 반드시 남은 경사가 있고

積	惡	之	家
千 禾 秬 秱 積	一 亞 亞 惡 惡	' ゥ 之	宀 宀 宀 家 家
쌓을 적	모질 악	갈 지	집 가

積惡之家(적악지가) 악을 쌓은 집안에는

必	有	餘	殃
' ノ 必 必 必	ノ ナ オ 有 有	今 술 餘 餘 餘	厂 歹 殃 殃 殃
반드시 필	있을 유	남을 여	재앙 앙

必有餘殃(필유여앙) 반드시 남은 재앙이 있게되니

非	我	言	老
ノ ナ ヺ 非 非	二 手 扗 我 我	二 三 言 言	十 土 耂 耂 老
아닐 비	나 아	말씀 언	늙을 로

非我言老(비아언로) 내 말이 늙은이의 망령이라 하지 말라.

惟	聖	之	謨
' 忄 忄 忰 惟	厂 王 聖 聖 聖	' ゥ 之	一 言 訰 謨
생각할 유	성인 성	갈 지	꾀 모

惟聖之謨(유성지모) 오직 성인의 법도 이니라.

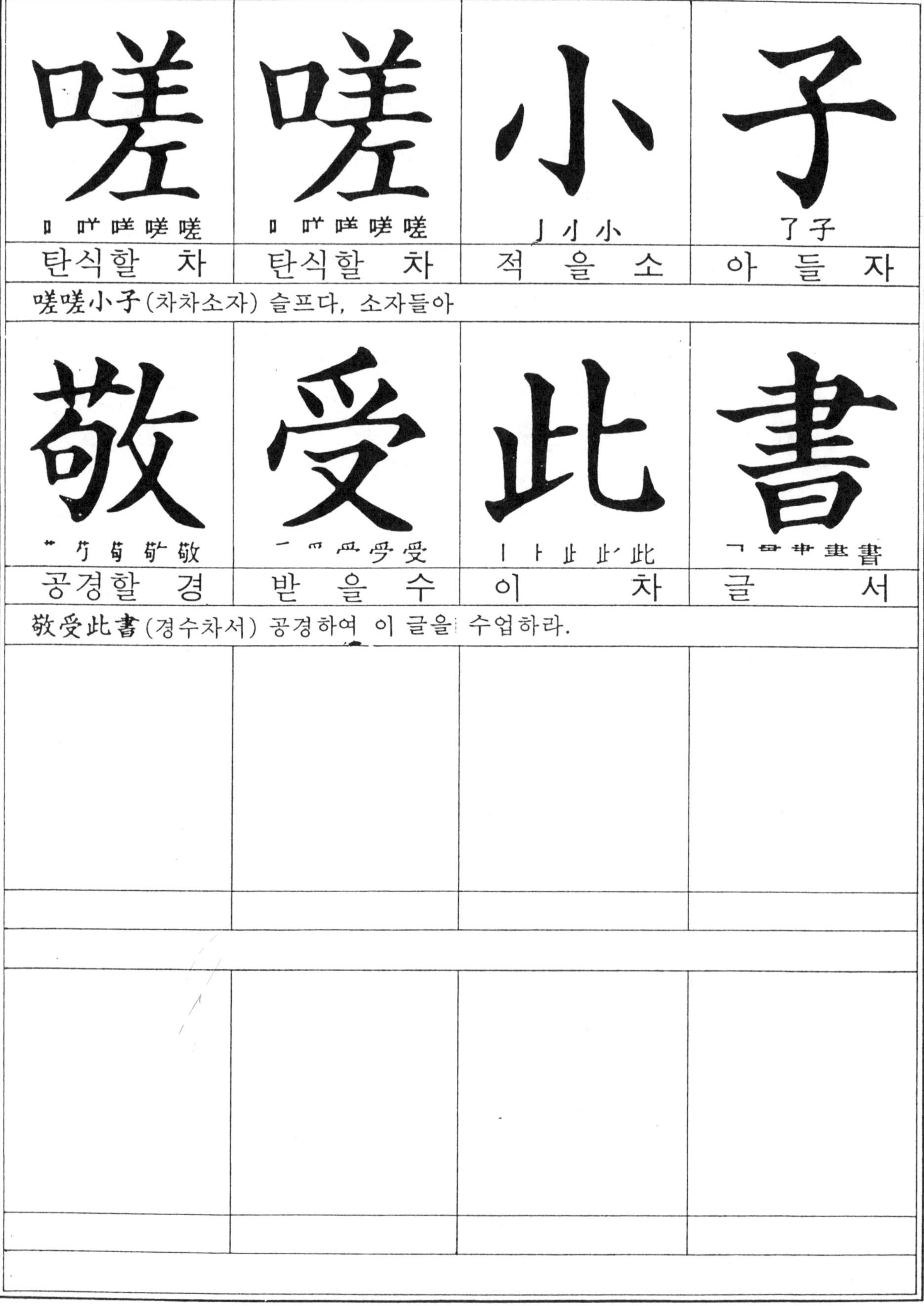

嗟	嗟	小	子
탄식할 차	탄식할 차	적 을 소	아 들 자

嗟嗟小子(차차소자) 슬프다, 소자들아

敬	受	此	書
공경할 경	받 을 수	이 차	글 서

敬受此書(경수차서) 공경하여 이 글을 수업하라.

부록
●
동문선습 + 계몽편

童蒙先習

天地之間萬物之衆에 惟人이 最貴하니

所貴乎人者는 以其有五倫也라.

是故로 孟子一曰父子有親하며 君臣

有義하며 夫婦有別하며 長幼有序하며 朋友

有信이라 하시니 人而不知有五常則其

違 禽獸不遠矣라. 然則父慈子孝하며

君義臣忠하며 夫和婦順하며 兄友弟恭

하며 朋友輔仁然後에야 方可謂之人矣라.

천지 사이에 있는 만물의 무리 중에서 오직 사람이 가장 귀하니 사람이 귀한 까닭은 다섯가지 인륜이 있기 때문이다. 그러므로 맹자께서 말씀하시기를, 어버이와 자식은 친함이 있고, 임금과 신하는 의리가 있으며, 남편과 아내는 분별이 있고, 어른과 어린이는 차례가 있으며, 벗끼리는 믿음이 있다 하시니, 사람으로서 이 오상 (五常)을 알지 못하면 그 날짐승과 길짐승에 다름이 멀지 않다. 그러니 어버이는 인자하고 자식은 효성스러우며, 임금은 의롭고 신하는 충성스러우며, 남편은 온화하고 아내는 순하며, 형은 사랑하고 아우는 공경하며, 벗은 인(仁)을 도운 연후에야 바야흐로 사람이라 할 수 있다.

父 子 有 親

父子는天性之親이라 生而育之하고 愛而
教之하며 奉而承之하고 孝而養之하나니 是
故로教之以義方하여 弗納於邪하며 柔聲
以諫하여 不使得罪於鄕黨州閭하니

어버이와 자식은 타고난 성품이 친하다. 어버이는 낳아서 기르고 사랑하고 가르치며, 자식은 받들면서 뒤를 있고 효도하며 봉양한다. 그러므로 어버이는 자식을 옳은 방법으로써 가르쳐 나쁜 데 들어가지 않도록 하며, 자식은 부드러운 소리로써 간하여 세상에 죄를 짓는 일이 없도록 해야 한다.

苟或父而不子其子하며 子而不父其

父하면 其何以立於世乎리요 雖然이나 天
下에 無不是底父母라 父雖不慈나 子
不可以不孝니

아버지로서 그 자식을 자식으로 여기지 않고, 자식으로서 그 어버이를
어버이로 대접하지 않으면 그 어찌 세상에 설 수가 있는가? 그러나 천
하에는 옳지 않은 부모는 없는 까닭에, 어버이가 비록 인자하지 않더라
도 자식은 효도를 아니하지 못할지어다.

昔者에 大舜이 父頑母嚚하여 嘗欲殺
舜이어늘 舜이 克諧以孝하사 蒸蒸乂하여
不格姦하시니 孝子之道가 於斯에 至矣
라 孔子曰 五刑之屬이 三千이로되 而
罪는 莫大於不孝라 하니라.

옛날 대순(大舜)이 아버지는 완악하고 어머니는 모질어 일찌기 순을
죽이고자 하였으나, 순은 능히 효도로써 화합하기를 힘써 점점 나아져

간악한 데 이르지 않게 하였으니 효자의 도는 이와 같이 지극했다. 그래서 공자께서 말씀하시기를, 〔오형(五刑)에 속한 것이 삼천이나 되지만 불효보다 더 큰 죄는 없다〕고 하셨다.

君臣有義

君臣은 天地之分이라 尊且貴焉하며 卑且賤焉하니 尊貴之使卑賤과 卑賤之事 尊貴는 天地之常經이며 古今之通義라 是故로 君者는 體元而發號施令者也요 臣者는 調元而陳善閉邪者也라. 會遇之際에 各盡其道하여 同寅協恭하여 以臻至治하나니.

임금과 신하는 하늘과 땅의 분수라. 임금은 높고 귀하며 신하는 낮고 천하니, 높고 귀한 임금이 낮고 천한 신하를 부리는 것과, 낮고 천한 신하가 높고 귀한 임금을 섬기는 것은 하늘과 땅의 떳떳한 도리이며 옛날과 지금에 공통되는 의리이다.

그러므로 임금은 하늘의 원리를 몸받아 호령을 발하고 명령을 내리는 일이요, 신하는 그 원리를 조화시켜 착한 일을 베풀고 간사함을 막는 자다. 임금과 신하가 모이고 만날 때는 각기 그 도리를 다하여, 함께 공경하고 서로 삼가서 훌륭한 정치에 이르게 한다.

苟或君而不能盡君道하여 臣而不能修臣職이면 不可與共治天下國家也니라. 雖然이나 五君不能을 謂之賊이니 昔者에 商紂가 暴虐이어늘 比干이 諫而死하니 忠臣之節이 於斯에 盡矣라. 孔子曰 臣事君以忠이라 하시니라.

진실로 혹 임금으로써 임금의 도리를 다하지 못하며, 신하로서 신하의 직책을 닦지 못한다면 함께 천하와 국가를 다스리지 못할 것이다. 그러나 우리 임금의 능하지 못함을 적(賊)이라고 말하니, 옛날에 상나라 주왕이 모질고 사나왔는데, 비간이 간하다가 죽으니 충신의 절개는 이에서 다했다. 그래서 공자께서 말씀하시기를, 〔신하가 임금을 섬기는 데는 충성으로써 해야 한다〕고 하셨다.

夫婦有別

夫婦는 二姓之合이라 生民之始며 萬福之原이니 行媒議婚하며 納幣親迎者는 厚其別也라 是故로 娶妻하되 不娶同姓하며 爲宮室辨內外하여 男子는 居外而不言內하고 婦人은 居內而不言外하니 苟能莊以涖之하여 以體乾健之道하고 柔以正之하여 以承坤順之義則家道 正矣라.

남편과 아내는 두 성(姓)의 결합으로, 백성을 태어나게 하는 시초며 모든 복의 근원이다. 중매를 통하여 혼인을 의논하며 폐백을 드리고 친히 맞이하는 것은 그 분별을 두텁게 함이다. 그러므로 아내를 취하되 같은 성을 취하지 않고, 집을 짓되 안과 밖을 분별하여 남자는 밖에 있으면서 안의 일을 말하지 않고, 부인은 안에 거처하면서 밖의 일을 말하지 않는다. 진실로 남편은 씩씩함으로써 제 위치를 지켜 하늘의 건전한 도리를 몸받고 아내는 부드러움으로써 바로잡아 땅의 순종하는 의리를 이어나가면 집안의 도리는 올바르게 되려니와.

反是而夫不能專制하여 御之不以其道하고 婦乘其夫하여 事之不以其義하여 昧三從之道하고 有七去之惡則家道가 索矣라 須是夫敬其身하여 以帥其婦하고 婦敬其身하여 以承其夫하고 內外和順하여야 父母 其安樂之矣라.

이에 반하여 남편이 오로지 제어할 수가 없어서 지배하기를 도리로써 하지 못하고, 아내가 남편을 이겨서 섬김을 그 의리로써 아니하여, 삼종지도를 알지 못하고 칠거지악이 있으면 집안의 도리가 어지러워진다. 반드시 남편은 자신을 삼가 그 아내를 거느리고 아내도 자신을 삼가 그 남편을 받들어서 내외가 화평하고 유순하여야 부모가 안락을 누릴 수 있다.

昔者_{석자}에 郤缺_{극결}이 耨_누할새 其妻_{기처}가 饁之_{엽지}하되
敬_경하여 相待如賓_{상대여빈}하니 夫婦之道_{부부지도}는 當如_{당여}
是也_{시야}라 子思曰_{자사왈} 君子之道_{군자지도}는 造端乎_{조단호}
夫婦_{부귀}라 하시니라.

옛날에 극결이 밭에서 김을 맬 때에 그 아내가 밥을 내오는데 공경하여 대접함이 손을 대하는 것 같았다. 부부의 도리는 마땅히 이와 같아야 한다. 그러므로 자사는 말하기를, 〔군자의 도리는 부부에서 처음으로 비롯된다〕고 하였다.

長 幼 有 序

長幼_{장유}는 天倫之序_{천륜지서}라. 兄之所以爲兄_{형지소이위형}과
弟之所以爲弟_{제지소이위제}는 長幼之道_{장유지도}가 所自出_{소자출}
也_야라 蓋宗族鄕黨_{개종족향당}에 皆有長幼_{개유장유}하니 不_불

可紊也_라 徐行後長者_를 謂之弟_요 疾

行先長者_를 謂之不弟_라 是故_로 年長

以倍則父事之_{하고} 十年以長則兄事

之_{하며} 五年以長則肩隨之_니 長慈幼_하

고 幼敬長然後_{에야} 無侮少凌長之弊

而人道_는 正矣_라.

어른과 어린이는 천륜의 차례다. 형이 형 되는 까닭과 아우가 아우되는 까닭에서 어른과 어린이의 도리가 비롯되는 것이다. 대개 종목과 향당에는 모두 어른과 어린이가 있으니 문란하게 해서는 안된다. 천천히 행하여 어른의 뒤를 따라가는 자를 공손하다 이르고, 빨리 행해서 어른을 앞서 가는 자를 공손하지 않다 하는 것이다.

그러므로 나이가 많기가 배가 되면 어버이와 같이 섬기고, 10년이 위면 형과 같이 섬기며, 어린이가 어른을 공경한 연후에야 젊은이를 업신여기고 어른을 능멸하는 폐단이 없어 사람의 도리가 바르게 될 것이다.

而況兄弟_는 同氣之人_{이라} 骨肉至親_이

니 尤當友愛하고 不可藏怒宿怨하여 以
敗天常也라 昔者에 司馬光이 與其兄
伯康으로 友愛尤篤하여 敬之如嚴父하고
保之如嬰兒하니 兄弟之道가 當如是
也라 孟子曰 孩提之童이 無不知愛
其親하며 及其長也엔 無不知敬其兄
也라 하시니라.

　그러니 하물며 형제는 동기의 사람이라, 골육의 지친이니, 더욱 마땅히 우애하고 가히 노여움을 감추며, 원망을 품거나 해서 천륜의 떳떳함을 잘못 되게 해서는 안된다.
　옛날에 사마광이 그의 형 백강과 더불어 우애가 더욱 독실하여 공경하기를 아버지같이 하고 보호하기를 어린애같이 하였으니, 형제의 도리는 마땅히 이러해야 한다. 맹자께서 말씀하시기를 〔어린 아이가 그 어버이를 사랑할 줄 모르는 일이 없으며, 자라서는 그 형을 공경할 줄 모르는 일이 없다〕하셨다.

朋 友 有 信

朋友는 同類之人이라 益者가 三友요 損者가 三友니 友直하며 友諒하며 友多聞이면 益矣요 友便辟하며 友善柔하며 友便佞하면 損矣라. 友也者는 友其德也라 自天子로 至於庶人에 未有不須友以成者하니 其分이 若疎而其所關이 爲至親하니

벗과 벗은 같은 무리의 사람이다. 유익한 벗이 세 종류 있고 해로운 벗이 세 종류가 있으니, 벗이 곧고 벗이 미더우며 벗이 견문이 넓으면 이롭고, 벗이 편벽되고 벗이 유약하며 벗이 아첨하면 해롭다. 벗이란 그 덕을 벗하는 것이라 천자로부터 서인에 이르기까지 반드시 벗으로써 이루지 못하는 자가 없으니 그 정분이 성긴 듯하면서도 그 관계하는 바가 매우 친하게 된다.

是^시故^고로 取^취友^우를 必^필端^단人^인하며 擇^택友^우를 必^필
勝^승己^기니 要^요當^당責^책善^선以^이信^신하며 切^절切^절偲^시偲^시
하여 忠^충告^고而^이善^선道^도之^지하다가 不^불可^가則^즉止^지니라.

그러므로 벗을 취하되 반드시 단정한 사람이어야 하며 친구를 선택하되 반드시 자기보다 나아야 한다. 그래서 마땅히 꾸짖고 믿음으로써 착하게 하고 간절히 진실하게 충고하며 선으로 인도하다가 안되면 그만둘 것이다.

苟^구或^혹交^교遊^유之^지際^제에 不^불以^이切^절磋^차琢^탁磨^마로 爲^위
相^상與^여하고 但^단以^이歡^환狎^압戲^희謔^학으로 爲^위相^상親^친
則^즉安^안能^능久^구而^이不^불疎^소乎^호리요. 昔^석者^자에 晏^안子^자
는 與^여人^인交^교하되 久^구而^이敬^경之^지하니 朋^붕友^우之^지道^도
는 當^당如^여是^시也^야라 孔^공子^자曰^왈 不^불信^신乎^호朋^붕友^우

이면 ^불不 ^획獲 ^호乎 ^상上 ^의矣라. ^신信 ^호乎 ^붕朋 ^우友에 ^유有 ^도道하

니 ^불不 ^순順 ^호乎 ^친親이면 ^불不 ^신信 ^호乎 ^붕朋 ^우友 ^의矣라 하시니라.

진실로 혹 사귀어 놀 때에 절차탁마로 서로 관여하지 않고 다만 장난이나 하고 익살이나 하며 서로 친해진다면 어찌 능히 오래도록 튼려지지 않을 수 있겠는가? 옛날에 안자는 남과 교제할 때 오래도록 공경하였으니, 벗끼리의 도리는 마땅히 이러해야 한다. 그러므로 공자께서 말씀하시기를 〔친구들에게 신용이 없으면 웃사람에게도 신망을 얻지 못한다. 친구들에게 신용을 얻는 방도가 있으니 어버이에게 공손하지 못하면 친구들에게 신용이 없다〕하셨다.

總　　　論

此五品者는 天敍之典而人理之所

固有者라 人之行이 不外乎五者 而

唯孝가 爲百行之原이라 是以로 孝子

之事親也엔 鷄初鳴이어든 咸盥漱하고

적 부 모 지 소　　　불 기 이 성　　　문 의 욱
適父母之所하여　不氣怡聲하여　問衣燠

한　　　문 하 식 음　　　동 온 이 하 청
寒하며　問何食飲하며　冬溫而夏淸하며

혼 정 이 신 성　　　출 필 고　　　반 필 면
昏定而晨省하며　出必告하며　反必面하며

불 원 유　　　유 필 유 방　　　불 감 유 기 신
不遠遊하며　遊必有方하며　不敢有其身

불 감 사 기 재
하며　不敢私其財라.

　이 다섯 가지 윤리는 하늘이 편 법전이요 사람의 도리로 본디부터 가지고 있는 바다. 사람의 행실은 이 다섯 가지를 벗어나지 않으나 오직 효도가 모든 행실의 근원이 된다. 그러므로 효자가 어버이를 섬김엔 닭이 처음 울거든 세수와 양치질을 다 하고, 부모님의 처소로 가서 기운을 나직이 하고 부드러운 목소리로 옷이 더운가 추운가 묻자오며, 무엇을 잡숫고 싶은가를 묻자오며, 겨울에는 따뜻하게 해 드리고 여름에는 서늘하게 해드리며, 저녁에는 잠자리를 정해드리고 새벽에는 문안드리며, 외출할 때는 반드시 고하고 돌아와서는 반드시 뵈오며, 멀리 나돌아다니지 않고 나돌아다니는 데는 반드시 행방을 알리며, 감히 마음대로 몸가짐을 하지 않고 감히 재물을 멋대로 처리하지 않는다.

부 모　　　애 지　　　희 이 불 망　　　오 지
父母가　愛之어든　喜而不忘하며　惡之어든

懼而無怨하며 有過어든 諫而不逆하고 三

諫而不聽이어든 則號泣而隨之하며 怒

而撻之流血이라도 不敢疾怨하며 居則致

其敬하고 養則致其樂하고 病則致其憂하고

喪則致其哀하고 祭則致其嚴이니라.

　부모가 사랑하거든 기뻐하여 잊지 말며 미워하면 두려워하면서도 원망하지 말며, 부모가 잘못하는 일이 있으면 간하되 거슬리지 말며, 세번 간해도 듣지 않으시거든 울면서 따른다. 또 부모가 노하여 때려 피가 나더라도 감히 미워하거나 원망하지 말아야 한다. 부모가 계실땐 공경을 다하고, 봉양할 때는 즐거움을 다하며, 병환에는 근심을 다하고, 돌아가시면 슬픔을 다하며 제사에는 엄숙함을 다해야 한다.

若夫人子之不孝也는 不愛其親이요

而愛他人하며 不敬其親이요 而敬他人

하며 惰其四肢하여 不顧父母之養하며 搏

奕好飮酒하여 不顧父母之養하며 好貨

財하며 私妻子하여 不顧父母之養하며 從

耳目之好하여 以爲父母戮하며 好勇鬪

狠 以危父母하느니라.

만일 사람의 자식으로서 불효를 하는 자는 그 어버이를 사랑하지 아니
하고 다른 사람을 사랑하며, 그 어버이를 공경하지 아니하고 다른 사람
을 공경하며, 그 사지를 게을리 하여 부모의 봉양을 돌보지 아니하며,
장기·바둑이나 두고 술 마시기를 좋아하여 부모의 봉양을 돌보지 않
으며, 보화와 재물을 좋아하고 처자를 사사로이 하여 부모의 봉양을 돌
보지 않으며 이목의 좋아함만 따라 부모를 욕되게 하며, 용기를 좋아
하여 싸움을 사납게 하여 부모를 위태롭게 한다.

噫라 欲觀其人이 行之善不善인댄 必

先觀其人之孝不孝니 可不愼哉며 可

不懼哉아 苟能孝於其親則推之於
君臣也와 夫婦也와 長幼也와 朋友也
에 何往而不可哉리요. 然則孝之 於人
에 大矣而亦非高遠難行之事也라 然
이나 自非生知者면 必資學問而知之니
學文之道는 無他라 將欲通古今하며 達
事理하여 存之於心하며 體之於身이니
可不勉其學問之力哉아 玆用摭其歷
代要義하여 書之于左하노라.

슬프다! 그 사람의 행실이 착하고 착하지 못함을 보고자 하면 반드시 먼저 그 사람의 효성스러움과 효성스럽지 아니함을 볼 것이니, 가히 삼가지 않으며 가히 두려워하지 않겠는가? 진실로 그 어버이에게 효도를 할 수 있으면, 임금과 신하 사이에서나, 남편과 아내 사이에서나, 어른과 어린이 사이에서나, 벗과 벗 사이에서도 미루어 어디를 가나 옳지 않겠는가? 그러니 효도란 사람에게 중대한 일이지만 또 높고 멀어서 행하기 어려운 일도 아니다.

　그러나 나면서부터 아는 자가 아니면 반드시 학문에 의하여 알아야 하나니, 학문의 길은 다름이 아니라, 장차 옛날과 오늘의 일에 통하며, 사물의 이치에 통달하여 이를 마음에 간직하고 이를 몸에 몸받는 것이니, 가히 그 학문을 기르는 데 힘쓰지 않겠는가? 이에 그 역대의 요점을 모아서 다음에 적는다.

蓋自太極肇判하여 陰陽始分으로 五行이 相生에 先有理氣이기 人物之生이 林林總總하더니 於是에 聖人이 首出하여 繼天立極하시니 天皇氏와 地皇氏와 人皇氏와 有巢氏와 燧人氏가 是爲太古니 在書契以前이라 不可考라.

　대체로 태극이 처음으로 갈라져 음양이 비로소 나뉨으로부터 오행이 서로 생기고, 먼저 이기가 있었으므로 사람과 물건이 많아졌다. 이에 성인이 먼저 나타나 하늘의 뜻을 이어 등극하니 천황씨·지황씨·인왕씨·유소씨·수인씨가 곧 그들이다. 이 때는 태고적으로 서계가 있기 이전이라 가히 참고할 수가 없다.

伏羲氏가 始畫八卦하며 造書契하여 以

代結繩之政하고 神農氏가 作耒耜하며

制醫藥하고 黃帝氏가 用干戈하며 作舟

車하며 造曆算하며 制音律하시니 是爲三

皇이니 至德之世라 無爲面治하니라.

少昊와 顓頊과 帝嚳과 帝堯와 帝舜이

是爲五帝라 皐夔稷契이 佐堯舜而

堯舜之治는 卓冠百王이라 孔子가 定書

에 斷自唐虞하시니라.

복희씨가 비로소 팔괘를 만들고 서계를 만들어 결승의 정치를 대신하고, 신농씨가 농기구를 만들고 의술과 약을 만들었으며, 황제씨가 방패와 창을 만들고 배와 수레를 만들며 달력과 산수를 만들고 음률을 제정하니 이들이 삼황이다. 이 때는 지덕의 세상이라 무의로 다스렸다.

소호·전욱·제곡·제요·제순이 오제요, 고·기·직·설이 요순을 도우니, 그 정치는 모든 왕의 으뜸이 되었다. 그래서 공자께서 〈서경〉을 정리할때 당우로부터 잘랐다.

夏寓와 商湯과 周文王武王이 是爲三

王이니 歷年이 或四百하며 或六百하며 或

八百하니 三代之隆을 後世莫及而商

之伊尹傅說과 周之周公召公이 皆賢

臣也라 周公이 制禮作樂하시니 典章法

度가 粲然極備하더니 及其衰也하여 五覇

樓諸侯하며 以匡王室하느니라.

하나라 우왕과 상나라 탕왕과 주나라 문왕·무왕이 삼왕이 되니, 그 지낸 햇수가 혹은 4백년이요 혹은 6백년이며 혹은 8백년이 되니 이 삼대의 융성함을 후세에는 미칠 이가 없었다. 상나라의 이윤·부열과 주나라의 주공·소공은 모두 어진 신하다. 주공은 예법을 만들고 음악을 만드니 온갖 전장과 법도가 찬연히 모두 갖추어졌었는데, 그 나라가 쇠

진하자 오패가 제후를 이끌고 왕실을 바로잡으니라.

孔子는 以天縱之聖으로 轍還天下하여
道不得行于世하여 刪時書하고 定禮樂
하며 贊周易하고 修春秋하여 繼往聖開來
學하고 而傳其道者는 顏子曾子라 事在
論語라 曾子之門人이 述大學하니라.

공자는 하늘이 내신 성인으로, 천하를 철환하였으나 도를 천하에 펼수가 없어 〈시경〉과 〈서경〉을 정리하고, 예악을 정하고 〈주역〉을 해석하고, 〈춘추〉를 지어 기왕의 성현을 계승하고 후세의 학자를 열어 놓았으니 그 도를 전한 자는 안자와 증자인데, 사적은 〈논어〉에 실려 있다.
증자의 문인이 〈대학〉을 지었다.

列國은 則曰魯와 曰衛와 曰晉과 曰鄭과
曰曹와 曰蔡와 往燕와 曰吳와 曰齊와 曰
宋과 曰陳과 曰楚와 曰秦이니 干戈曰尋하여

戰爭이 不息하여 遂爲戰國하니 秦楚燕

齊韓魏趙가 是爲七雄이라 孔子之孫

子思가 生斯時하여 作中庸하시고 其門

人之弟孟軻가 陳王道於齊梁하나 道

又不行하여 作孟子七篇而異端縱橫

功利之說이 盛行이라. 五道가 不傳이다.

及秦始皇하여 呑二周하고 滅六國廢封

建하고 爲郡縣하며 焚時書하고 坑儒生하니

二世而亡하다.

열국은 노·위·진·정·조·채·연·오·제·송·진·초·진이니, 날
마다 무기를 준비하여 전쟁이 그치지 않아 드디어 전국시대가 되었다.
그 가운데 진·초·연·제·한·위·조가 곧 칠웅이다.

공자의 손자 자사가 이 때에 태어나 〈중용〉을 짓고 그 문인의 제자인

맹가가 제나라와 양나라에 왕도를 펴려 했으나, 도가 또한 행하여지지
않아 〈맹자〉 7편을 지었으나 이단·종횡·공리의 설들이 성행해서 우리
의 도 곧 유교의 도는 전해지지 못했다.

진시황에 이르러서는 이주를 삼키고 육군을 멸하며 봉건제도를 폐하고
군현제도를 실시하며 시서를 불태우고 유생을 묻어 버리니 두 대에서
망했다.

한고조 기포의성제업 역년 사
漢高祖가 **起布衣成帝業**하여 **歷年**이 **四**

백 재명제시 서역불법 시통중
百하되 **在明帝時**하여 **西域佛法**이 **始通中**

국 혹세무민 촉한 오 위 삼
國하여 **惑世誣民**하다 **蜀漢**과 **吳**와 **魏**의 **三**

국 정치 이제갈양 장의부한
國이 **鼎峙**하니 **而諸葛亮**이 **仗義扶漢**하다가

병졸군중 진유천하 역년 백여
病卒軍中하니 **晉有天下**에 **歷年**이 **百餘**라.

한고조가 포의로 일어나서 황제의 업을 이루어 역년이 4백년이었는데,
명제 때에 서역의 불교가 비로서 중국으로 들어와 세상을 현혹시키고
백성을 속였다. 촉한과 오와 위의 세 나라가 정립하여 대치할 때 제갈
양이 정의를위하여 한을 보전하려다가 군중에서 병으로 죽었다. 진이
천하를 차지하고 역년이 백여년이었다.

오호 난화 송제양진 남북분열
五胡가 **亂華**하니 **宋齊梁陳**에 **南北分裂**이려

니 隋能混一하되 歷年이 三十이라.

오호가 중화를 어지럽히니 송·제·양·진에 남북이 분열되었다가 수나라가 능히 천하를 하나로 통일하였는데 겨우 역년이 30년이었다.

唐高祖와 太宗이 乘隋室亂하여 化家爲國하여 歷年三百하니라. 五季는 朝得暮失하여 大亂이 極矣라.

당나라 고조와 태종은 수나라가 어지러운 틈을 타서 집을 만들고 국가를 이룩하여 역년이 3백이었다.
후량과후당과 후진과 후한과 후주가 오계로 되니 아침에 얻었다가 저녁에 잃어 대란이 극했다.

宋太祖가 立國之初에 五星이 聚奎하여 廉洛關閩 諸賢이 輩出하니 若周燉頤와 程顥와 程頤와 司馬光과 張栽와 邵雍과

朱憙가 相繼而起하여 以闡明斯道로 爲己任하되 身且不得見容而朱子가 集諸家說하여 註四書五經하시니 其有 功於學者가 大矣로다 然而國勢가 不競하여 歷年三百하니 契丹과 蒙古와 遼와 金이 迭爲侵軼而 及其垂亡하여 文天祥이 竭忠報宋하다가 竟死燕獄하니라.

송나라 태조가 나라를 세운 처음에 다섯 개의 별이 규성에 모여 염·낙·관·민에 여러 현인이 무리로 나타나니 주돈이와 정호와 정이와 사마광과 장재와 소옹과 주희가 서로 이어 일어나 도를 열어 밝힘으로써 자신의 임무로 삼되 몸이 용납함을 보지 못하더니, 주자가 제자의 설을 모아 사서와 오경에 주를다니, 그 학자에게 공을 끼침이 컸다.

그러나 나라의 형세가 강하지 못하여 역년이 3백에 글안과 몽고와 요와 금이 번갈아 침노하고 마주 쳐서 나라가 거의 망하게 되자 문천상이 충성을 다하여 송나라에 보답하다가 마침내 연의 옥에서 죽었다.

大明이 中天하여 聖繼神承하니 於千萬
年이로다 嗚呼라 三綱五常之道가 與天
地로 相終始하니 三代以前에는 聖帝明
王과 賢相良佐가 相與講明之故로 治
日이 常多하고 亂日이 常少하더니.

대명이 천은에 적중하여 성자신손이 뒤를 이어 계승하니 아! 천년 만 년을 이으리라.

슬프다! 삼강과 오상의 도가 천지와 더불어 서로 종시를 같이 하니, 삼대 이전에는 성스러운 황제와 밝은 군주와 어진 재상과 선량한 보좌 인이 서로 이 삼강·오상의 도를 강론하여 밝혔으므로 다스려진 날이 항상 많고, 어지러워진 날이 항상 적었다.

三代以後에는 庸君暗主와 亂臣賊子가
相與敗 壞之故로 亂日이 常多하고 治

日이 常少하니 其所以世之治亂安危와

國之興廢存亡이 皆由於人倫之明

不明如耳라 可不察哉아.

임금과 어두운 군주와 문란한 신하와 역적이 서로 패배시키고 파괴하였으므로 어지러운 날이 항상 많고 다스려진 날이 항상 적었다. 그 세상이 다스려지거나 문란해지거나 편안하거나 위태하거나 나라가 흥하거나 패배하거나 존속하거나 망하는 까닭이 모두 인륜이 밝으냐 밝지 못하느냐 여하에 달린 것이니 가히 살피지 않겠는가?

東方에 初無君長이더니 有神人이 降于

太白山檀木下하여 神靈明智어늘 國人이

立以爲君하니 與堯로 並立하여 國號를 朝

鮮이라하니 是爲檀君이라 殷太師箕子가 率

衆東來하여 敎民禮儀하고 設八條之敎하니

유 인 현 지 화
有仁賢之化하더라.

　동방에 처음에는 임금이 없더니 신인이 태백산 박달나무 아래로 내려
오자 나라 사람들이 이를 임금으로 세웠다. 그래서 중국의 요임금과 병
립하여 국호를 조선이라 하니 이가 곧 단군이다.
　주나라 무왕이 기자를 조선에 봉하여 백성들에게 예의를 가르치고 팔
조의 교법을 베풀자 인현의 교화가 있게 되었다.

연 인 위 만　　인 노 관 란　　　망 명 래　　유
燕人衛萬이　因盧綰亂하여　亡命來하여　誘

축 기 준　　거 왕 검 성　　　지 손 우 거
逐箕準하고　據王儉城하더니　至孫右炬하여

한 무 제　　토 멸 지　　　분 기 지　　치 낙
漢武帝가　討滅之하시고　分其地하여　置樂

랑 임 둔 현 도 진 번 사 군　　소 제　　이
浪臨屯玄菟眞蕃四郡하다　昭帝가　以

평 나 현 도　　위 평 주　　임 둔 낙 랑
平那玄菟로　爲平州하고　臨屯樂浪으로

위 동 부 이 도 독 부
爲東府二都督府하다.

　연나라사람 위만이 망명하여 와서 기준을 꾀어 내쫓고 왕검성에 웅거
하더니 손자 우거에 이르러 한나라 무제가 쳐서 멸하고 그 땅을 나누어
낙랑·임둔·현도·진번의 네 군을 두었다. 소제는 평나와 현도로써 평

주로 삼고, 임둔과 낙랑으로 동부의 두 도독부를 삼았다.

箕^기準^준이 避^피衛^위滿^만하여 浮^부海^해而^이南^남하여 居^거金^금
馬^마郡^군하니 是^시爲^위馬^마韓^한이라 秦^진亡^망人^인이 避^피入^입
韓^한이어늘 韓^한이 割^할東^동界^계하여 伊^이與^여하니 是^시爲^위
辰^진韓^한이라. 弁^변韓^한則^즉立^입國^국於^어韓^한地^지하니 不^부知^지
其^기始^시祖^조年^연代^대라 是^시爲^위三^삼韓^한이라.

기준은 위만을 피하여 바다로 해서 남쪽으로 가 금마군에 기처하니 이 것이 마한이다. 진나라에서 망명하여 온 사람이 진나라를 피하여 한으로 들어오므로 한이 동쪽 경계를 쪼개어 주니 이것이 진한이 되었다. 변한은 한나라 땅에 나라를 세웠으나 그 시조와 연대를 알지 못한다. 이를 삼한이라 한다.

新^신羅^라始^시祖^조赫^혁居^거世^세는 都^도辰^진韓^한地^지하여 以^이朴^박
으로 爲^위姓^성하고 高^고句^구麗^려始^시祖^조朱^주蒙^몽은 至^지卒^졸
本^본하여 自^자稱^칭高^고辛^신氏^씨之^지後^후라하여 因^인姓^성高^고하고

百濟始祖溫祚는 都河南慰禮城하여
以扶餘로 爲氏하여 三國이 各保一隅하여
互相侵伐하더니 其後에 唐高宗이 滅百
濟高句麗하고 分其地하여 置都督府하여
以劉仁願薛仁貴로 留鎭撫之하니 百
濟는 歷年이 六百七十八年이요 高句麗
는 七百五年이라.

신라의 시조 혁거세는 진한 땅에 도읍하고 박으로써 성을 삼았다. 고구려 시조 주몽은 졸본에 이르러 고신씨의 후손이라고 스스로 칭하고 성을 고라 하였다. 백제 시조 온조는 하남위례성에 도읍하여 부여로 성씨를 삼았다. 그리하여 삼국이 각기 한 귀퉁이씩을 차지하면서 서로 침략하고 정벌하더니 그 뒤에 당나라 고종이 백제와 고구려를 멸하고, 그 땅을 나누어 도독부를 두고 유인원과 설인귀로써 머물러 있으면서 진무하게 했다. 그래서 백제는 역년이 678년이요, 고구려는 705년이었다.

新羅^{신 라}之末^{지 말}에 弓裔^{궁 예}가 叛于北京^{반 우 북 경}하여 國號^{국 호}를

泰封^{태 봉}이라하고 甄萱^{견 훤}은 叛據完山^{반 거 완 산}하여 自稱^{자 칭}

後百濟^{후 백 제}라 하다. 新羅^{신 라}가 亡^망하니 朴昔金三^{박 석 김 삼}

姓^성이 相傳^{상 전}하여 歷年^{역 년}이 九百九十二年^{구 백 구 십 이 년}이라.

신라 말기에 궁예는 북경에서 반란을 일으켜 국호를 태봉이라 하였고 견훤은 반란을 일으켜 완산에 웅거하면서 자칭 후백제라 하였다. 신라 는 망하니 박·석·김 세 성이 서로 전위하여 역년이 992년이었다.

泰封諸將^{태 봉 제 장}이 立王建^{입 왕 건}하여 爲王^{위 왕}하니 國號^{국 호}를

高麗^{고 려}라 하여 剋剗群兇^{극 잔 군 흉}하고 統合三韓^{통 합 삼 한}하여

移都松嶽^{이 도 송 악}하다 至于季世^{지 우 계 세}하여 恭愍^{공 민}이 無^무

嗣^사하고 僞主辛禑^{위 주 신 우}가 昏暴自恣而王瑤^{혼 포 자 자 이 왕 요}가

不君하여 遂至於亡하니 歷年이 四百七
十五年이라.

　태봉의 여러 장수가 왕건을 세워 왕을 삼으니 국호를 고려라 했다. 그
리고 모든 흉적을 쳐 죽이고 삼한을 통일하여 송악으로 도읍을 옮겼다.
그러나 말세에 이르러 공민왕이 아들이 없고, 가짜 임금 신우가 어둡고
사나우며 스스로 방자했으며, 왕요도 임금 노릇을 못하여 드디어 망하
게 되니 역년이 475년이었다.

天命이 歸于眞主하니 大明太祖高皇帝가
賜改國號曰 朝鮮이라하니 定鼎于漢陽하여
聖子神孫이 繼繼繩繩하여 重熙累洽하여
歷年 五百十九年이라. 式至于今하시니.
實萬世無疆之休로다.

　천명이 참된 임금(이성계를 말함)에게로 돌아오니, 명나라 태조 고황
제가 나라 이름을 고쳐 주어 조선이라고 하였다. 그래서 한양에다 도읍
을 정하고 신성한 자손들이 끊임없이 계승하여 거듭 밝고 더욱 흡족하

여 오늘날에 이르렀다. 그래서 실로 만세에 끝이 없는 아름다움이 되었
도다.

오 희　아 국　　수 벽 재 해 우　　양 지
於戲라　我國이　雖僻在海隅하며　壤地

편 소　　예 악 법 도　　의 관 문 물　　실
編小하나　禮樂法度와　衣冠文物을　悉

준 화 제　　인 류　　명 어 상　　교 화
遵華制하여　人倫이　明於上하고　敎化가

행 어 하　　풍 속 지 미　　모 의 중 화
行於下하여　風俗之美가　模擬中華하니

화 인　　칭 지 왈 소 중 화　　자 기 비 기
華人이　稱之曰小中華라하니　茲豈非箕

자 지 유 화 야　　차 이 소 자　　의 기 관
子之遺化耶리요　嗟爾小子는　宜其觀

감 이 흥 기 재　　필 독 차 서
感而興起哉인저　必讀此書하라.

아! 우리 나라가 비록 바다 귀퉁이에 치우쳐 있어 땅이 좁고 작으나
예악과 법도와 의관과 문물이 모두 중국의 제도를 준수하여 인륜이 위
에서 밝고 교화가 아래에서 행해져서 풍속의 아름다움이 중국과 같아,
중국인이 작은 중화라 칭한다.
　이것이 어찌 기자가 끼친 교화가 아니겠는가? 아! 여러 어린이들은 마
땅히 이것을 보고 느끼어, 떨쳐 일어날 것이다.

啓 蒙 篇

首 篇
수 편

^상上 ^유有 ^천天하고 ^하下 ^유有 ^지地하니 ^천天^지地^지之^간間에 ^유有 ^인人^언焉하고 ^유有 ^만萬^물物^언焉하니 ^일日^월月^성星^진辰^자者는 ^천天^지地^소所^계係^야也요 ^강江^해海^산山^악嶽^자者는 ^지地^지之^소所^재載^야也요 ^부父^자子^군君^신臣^장長^유幼^부夫^부婦^붕朋^우友^자者는 ^인人^지之^대大^륜倫^야也라.

위에는 하늘이 있고 아래에는 땅이 있다. 하늘과 땅 사이에 사람이 있고 만물이 있으니 해·달·별은 하늘에 매여 있고, 강·바다·산은 땅이 싣고 있으며, 부자·군신·장유·부부·붕우는 사람의 큰 윤리이다.

^이以^동東^서西^남南^북北으로 ^정定^천天^지地^지之^방方하고 ^이以^청靑

黃赤白黑^{으로} 定物之色^{하고} 以酸 鹹辛

甘苦^로 定物之味^{하고} 以宮商角徵羽^로

定物之聲^{하고} 以一二三四五六七八

九十百千萬億^{으로} 總物之數^{하니} 左

首篇^{이라.}

　동·서·남·북으로 천지의 방향을 삼고, 청·황·적·흑으로 물건의
빛깔을 정하며, 신맛, 짠맛, 매운 맛, 단 맛, 쓴 맛으로 물건의 맛을
정하고, 궁·상·각·치·우로 물건의 소리를 정하며, 일·이·삼·
사·오·육·칠·팔·구·십·백·천·만·억으로 물건의 수를 센다.
　이상은 수편이다.

天 篇
천 편

日出於東方^{하여} 入於西方^{하니} 日出則

^위爲^주晝요 ^일日^입入^즉則^위爲^야夜이니 ^야夜^즉則^월月^성星 ^저著

^현見^언焉하니라.

해는 동쪽에서 나와 서쪽으로 들어간다. 해가 나오면 낮이 되고 해가
들어가면 밤이 되니, 밤에는 달과 별이 나타난다.

^천天^유有^위緯^성星하니 ^금金^목木^수水^화火^토土^오五^성星이 ^시是

^야也요 ^유有^경經^성星하니 ^각角^항亢^저低^방房^심心^미尾^기箕^두斗

^우牛^여女^허虛^위危^실室^벽壁^규奎^루婁^위胃^묘昴^필畢^자紫^삼參 ^정井

^귀鬼^유柳^성星^장張^익翼^진軫^이二^십十^팔八^수宿가 ^시是^야也라.

하늘에는 위성이 있으니 금성·목성·수성·화성·토성의 다섯 별이
이것이요. 또 경성이 있으니 각수·항수·저수·방수·심수·미수·기
수·두수·우수·여수·허수·위수·실수·벽수·규수·누수·위수·묘
수·필수·자수·삼수·정수·귀수·유수·성수·장수·익수·진수의
이십팔 수가 이것이다.

^일一^주晝^야夜^지之^내內에 ^유有^십十^이二^시時하니 ^십十^이二^시時가

會而爲一日하고 三十日이 會而爲 一月하고 十有二月이 合而成一歲니라.

한 낮과 밤의 안에 12 때가 있으니 12 때가 모여 하루가 되며, 30일이 모여 한 달이 되고, 열두 달이 모여 1년이 된다.

月或有小月하니 小月則二十九日이 爲一月이요 歲或有閏月하니 有閏則十三月이 成一歲라 十二時者는 卽地之十二支也니 所謂十二支者는 子丑 寅卯辰巳午未申酉戌亥也요 天有十干하니 所謂十干者는 甲乙丙丁戊己庚辛壬癸也니라.

달에는 혹 작은 달이 있으니 작은 달은 29일이 한 달이 되고, 어떤 해에는 윤달이 있으니 윤달이 있으면 13월이 1년이 된다. 십이 시란 곧 땅의 십이 지이니 이른바 십이지란 자·축·인·묘·진·사·오·미· 신·유·술·해이고, 하늘에는 십간이 있으니 이른바 십간이란 갑· 을·병·정·무·기·경·신·임·계이다.

天地十干이 與地之十二支로 相合 而

爲六十甲子하니 所謂六十甲子者는

甲子乙丑丙寅丁卯至壬戌癸 亥是

也라.

하늘의 십간이 땅의 십이지와 더불어 서로 합하여 육십 갑자가 되니 이른바 육십갑자란, 갑자·을축·병인·정묘로부터 임술·계해에 이르 는 것이 이것이다.

十有二月者는 自正月二月로 至十二

月也라 一歲之中에 亦有四時하니 四時

者는 春夏秋冬이 是也라.

열두 달이란 정월·이월로부터 십이월까지이다. 1년 중에 또 사시가
있으니 사지란 춘·하·추·동이 이것이다.

以十二月^로 分屬於四時^{하니} 正月二

月三月^은 屬之於春^{하고} 四月五月六

月^은 屬之於夏^{하고} 七月八月九月^은

屬之於秋^{하고} 十月十一月十二月^은

屬之於冬^{하니} 晝長夜短而天地之氣^가

大暑則爲夏^{하고} 夜長晝短而天地之氣

가 大寒則爲冬^{하니} 春秋則晝夜長短^이

平均而春氣^는 微溫^{하고} 秋期^는 微凉^{이니라.}

12월을 4시로 나누어 예속시키니, 정월·이월·삼월은 봄에 속하고,
사월·오월·유월은 여름에 속하며, 칠월·팔월·구월은 가을에 속하
고, 시월·십일월·십이월은 겨울에 속한다. 낮이 길고 밤이 짧으면서
천지의 기운이 매우 더우면 여름이 되고, 밤이 길고 낮이 짧으면서 천
지의 기운이 매우 추우면 겨울이 된다. 봄과 가을에는 낮과 밤의 길고

짧음이 똑같은데, 봄 기운은 좀 따뜻하고 가을 기운은 좀 서늘하다.

춘 삼 월　　진 즉 위 하　　하 삼 월　　진
春三月이　盡則爲夏하고　夏三月이　盡

즉 위 추　　추 삼 월　　진 즉 위 동　　동
則爲秋하고　秋三月이　盡則爲冬하고　冬

삼 월　　진 즉 부 위 춘　　사 시　　상 대
三月이　盡則復爲春이니　四時가　相代

이 세 공　　성 언
而歲功이　成焉이라.

봄의 석 달이 다하면 여름이 되고 여름 석 달이 다하면 가을이 되며,
가을 석 달이 다하면 겨울이 되고, 겨울 석 달이 다하면 다시 봄이 되
니, 사시는 서로 교대하여 1년의 공이 이루어진다.

춘 즉 만 물　　시 생　　하 즉 만 물　　장 양
春則萬物이　始生하고　夏則萬物이　長養하고

추 즉 만 물　　성 숙　　동 즉 만 물　　폐 장
秋則萬物이　成熟하고　冬則萬物　閉藏하니

무 비 사 시 지 공 야　　좌 천 편
無非四時之功也니라　左天篇이라.

봄에는 만물이 비로소 나오고, 여름에는 만물이 자라며, 가을에는 만
물이 성숙하고, 겨울에는 만물이 감추어진다. 그러니 만물이 태어나고
자라며, 거두어지고 저장되는 바가 사시의 공이 아닐 수 없다.
　　이상은 천편이다.

地 篇
지 편

地之高處는 便爲山이요 地之低處는 便爲水니 水之小者를 謂川이요 水之大者를 謂江이요 山之卑者를 謂丘이요 山之峻者를 謂岡이니라.

땅의 높은 곳이 곧 산이요. 땅의 낮은 곳이 곧 물이라 물의 작은 것을 냇물이라 하고 물의 큰 것을 강이라 한다. 산의 낮은 것을 언덕이라 하고 산의 높은 것을 산등성이라 한다.

天下之山이 莫大於五岳하니 五嶽者는 泰山嵩山衡山恒山華山也요 天下之水는 莫大於四海하니 四海者는 東海西海南海北海也라.

천하의 산은 오악보다 더 큰 것이 없으니 오악은 태산·숭산·형산·항산·화산이요, 천하의 물은 사해보다 더 큰 것이 없으니 사해는 동해·서해·남해·북해이다.

山海之氣는 上與天氣로 相交則興 雲霧하며 降雨雪하며 爲霜露하며 生風雷라.

산과 바다의 기운이 올라가 하늘의 기운과 더불어 서로 어울리면 구름과 안개를 일으키고 비와 눈을 내리며 서리와 이슬을 만들고 바람과 우뢰를 발생하게 한다.

暑氣가 蒸鬱則油然而作雲하여 沛然而下雨하고 寒氣가 陰凝則露結而爲霜하고 雨凝而成雪故로 春夏에 多雨露하고 秋冬에 多霜雪하니 變化莫測者는 風雷也라.

더운 기운이 증발하여 응결되면 유연히 구름을 일으켜 패연히 비를 내리고, 찬 기운이 음침하게 응결되면 이슬이 맺히어 서리가 되며 비가

엉기어 눈을 이루기 때문에 봄과 여름에는 비와 이슬이 많고, 가을과 겨울에는 서리와 눈이 많으니 변화를 헤아릴 수 없는 것이 바람과 우뢰이다.

古之聖王이 畫野分地하여 建邦設都하시니 四海之內에 其國이 有萬而一國之中에 各置州郡焉하고 州郡之中에 各分鄕井焉하고 爲城郭하여 以禦冦하고 爲宮室하여 以處人하고 爲耒耟하여 敎民耕稼하고 爲釜甑하여 敎民火食하고 作舟車하여 以通道路하시니라.

옛날의 성스러운 왕이 들판을 그어 땅을 나누어서 나라를 세우고 도읍을 베푸니, 사해 안에 그 나라가 만이나 있고, 한 나라 안에는 각각 주와 군을 두고, 주와 군의 안에는 각기 향과 정을 나누고, 성곽을 만들어 도적을 막고, 궁실을 만들어 사람들을 거처하게 하고, 쟁기와 따비를 만들어 백성들에게 밭갈고 곡식 심는 것을 가르치고, 가마솥과 시루를 만들어서 백성들에게 불로 밥을 지어 먹는 것을 가르치고, 배와 수레를 만들어 도로를 통하게 했다.

金木水火土가 在天에 爲五星이요 在地에 爲五行이니 金은 以爲器하고 木은 以爲宮하고 穀生於土하여 取水火爲飮食하니 則凡人日用之物이 無非五行之物也니라.

금·목·수·화·토가 하늘에 있어 오성이 되고, 땅에 있어 오행이 되는, 쇠는 그릇을 만들고 나무는 집을 짓고 곡식은 흙에서 나서 물과 불을 취하여 음식을 만드니, 무릇 사람의 일용의 물건이 이 오행으로 된 물건이 아닌 것이 없다.

五行이 固有相生之道하니 水生木하고 木生火하고 火生土하고 土生金하고 金이 復生水하니 五行之 相生也는 無窮而人用이 不竭焉이라.

오행에는 본디 상생의 도가 있으니, 물이 나무를 낳고 나무는 불을 낳으며 불은 흙을 낳고 흙은 쇠를 낳으며, 쇠가 다시 물을 낳으니 오행의 상생은 무궁하고 사람의 사용함이 다함이 없다.

五行이 亦有相克之理하니 水克火하고 火克金하고 金克木하고 木克土하고 土가 復克水하니 乃操其相克之權하여 能用 其相生之物者는 是人之功也라. 左地扁이다.

오행에는 또 상극의 이치가 있으니, 물이 불을 이기고, 불이 쇠를 이기며, 쇠가 나무를 이기고 나무가 흙을 이기며, 흙은 다시 물을 이기니, 곧 그 상극의 권을 잡아 능히 그 상생하는 물건을 이용할 수 있는 것은 사람들의 공로다.

이상은 지편이다.

物 篇
물 편

天地生物之數가 有萬其衆而若言

기 동 식 지 물　　즉 초 목 금 수 충 어 지 속

其動植之物　則草木禽獸蟲魚之屬이

최 기 교 저 자 야

最其較著者也라.

천지가 만물을 낳는 수는 그 무리가 1만 가지나 되지만 만약 동물과
식물만을 말한다면 초목·금수·충어의 종속이 가장 비교적 뚜렷한 것
들이다.

비 자　　위 금　　　　주 자　　위 수　　　인 개

飛者는　爲禽이요　走者는　爲獸요　鱗介

자　　위 충 어　　　　근 식 자　　　위 초 목

者는　爲蟲魚요　根植者는　爲草木이라.

나는 것은 새가 되고 뛰는 것은 짐승이 되고 비늘과 껍질이 있는 것은
벌레와 물고기가 되고 뿌리로 심어진 것은 초목이 된다.

비 금　　　란 익　　　　주 수　　　태 유　　　비 금

飛禽은　卵翼이요　走獸는　胎乳하니　飛禽은

소 거　　　　주 수　　　혈 처　　　　충 어 지 물 화

巢居하고　走獸는　穴處하고　蟲魚之物化

생 자　　　최 다 이 역 다 생 어 수 습 지 지

生者는　最多而亦多生於水濕之地라.

나는 새는 알을 낳아 날개로 덮고, 뛰는 짐승은 태로 낳아 젖을 먹이

16

니, 나는 새는 보금자리에서 살고 뛰는 짐승은 굴에서 살며, 벌레와 물고기는 다른 물질로 변화하여 생기는 것이 가장 많은데 또한 대개가 물과 습한 땅에서 산다.

春生而秋死者는 草也요 秋則葉脫

而春復榮華者는 木也라 其葉이 蒼翠요

其花가 五色이니 其根이 深者는 枝葉이

必茂하고 其有花者는 必有實이니라.

봄에 태어났다가 가을에 죽는 것이 풀이요, 가을에는 잎이 떨어졌다가 봄에는 다시 무성해지는 것이 나무다. 그 잎이 푸르고 그 꽃이 오색이니, 그 뿌리가 깊은 것은 가지와 잎이 반드시 무성하고, 그 꽃이 피는 것은 반드시 열매를 맺는다.

虎豹犀象之屬은 在於山하고 牛馬鷄

犬之物은 畜於家하니 牛以耕墾이요 馬以

乘載요 犬以守夜요 鷄以司晨이요 犀取

其角이요　象取其牙요　虎豹는　取其皮라.

　호랑이·표범·물소·코끼리 붙이는 산에 있고, 소·말·닭·개의 동물은 집에서 기르니, 소는 밭을 갈고, 말은 타거나 실으며 개는 밤을 지키고,, 닭은 새벽을 맡으며, 물소는 그 뿔을 취하고 코끼리는 그 이빨을 취하며, 호랑이와 표범은 그 가죽을 취한다.

山林에　多不畜之禽獸하고　川澤에　多

無益之　蟲魚故로　人以力殺하고　人以

智取하여　或用其毛羽骨角하고　或供於

祭祀賓客飮食之間이라.

　산과 숲에는 가축으로 기를 수 없는 금수가 많고, 냇물과 연못에는 무익한 벌레와 물고기가 많으므로 사람들이 힘으로 죽이고, 사람들이 지혜로써 취하여 혹은 그것들의 털·날개·뼈·뿔 등을 이용하고, 혹은 제사·접객하는 음식으로 제공되기도 한다.

走獸之中에　有麒麟焉하고　飛禽之中에

有鳳凰焉하고 蟲魚之中에 有靈龜焉하고

有飛龍焉하니 此四物者는 乃物之靈

異者也라 故로 或出於聖王之世라.

　달리는 짐승 가운데에는 기린이 있고, 나는 새 가운데에는 봉황이 있
으며, 벌레와 물고기 중에는 신령스러운 거북이 있고 나는 용이 있다.
이 네 가지 동물은 곧 만물 중에서 영험하고 기이한 것이다. 그러므로
혹 성명한 왕의 세상에 태어난다.

稻粱黍稷은 祭祀之所以供粢盛者也

요 豆菽麰麥之穀은 亦無非養人 命之

物故로 百草之中에 穀植이 最重이요 犯

霜雪而不凋하고 閱四時而長春者는

松栢也니 衆木之中에 松栢이 最貴라.

　벼·조·기장·피는 제사에서 자성으로 제공되는 것이요, 팥·콩·보

리 등의 곡식은 또한 인명을 기르는 물건이 아닌 것이 없으므로 온갖 풀가운데 곡식이 가장 중하다. 서리와 눈이 범해도 마르지 아니하고, 사시를 지내면서도 항상 봄인 것은 소나무와 잣나무이니 모든 나무 중에서 송백이 가장 귀하다.

梨栗枾棗之果가 味非不佳也나 其香이
芬芳故로 果以橘柚로 爲珍하고 蘿葍蔓
菁諸瓜之菜는 鍾非不多也나 其味 辛
烈故로 菜以芥薑으로 爲重이라.

배·밤·감·대추 등의 과일은 맛이 아름답지 않음이 아니나, 그 향기가 꽃다운 점에서 과실은 귤과 유자로써 보배를 삼고, 무우·순무 등 모든 외의 나물은 종류가 많지 않은 것이 아니나 그 맛이 매우 매운 점에서 나물 중에 겨자와 생강을 귀중한 것으로 한다.

水陸草木之花로 可愛者가 甚繁而 陶
淵明이 愛菊하고 周廉溪는 愛蓮하고 富貴
繁華之人이 多愛牧丹하니 淵明은 隱者

故_로 人以菊花_로 比之於隱者_{하고} 廉溪

는 君子故_로 人以蓮花_로 比之於 君子

_{하고} 牧丹_은 花之繁華者故_로 人以牧

丹_{으로} 比之於繁華富貴人_{이라}.

물과 뭍에 있는 초목의 꽃으로서 사랑스러운 것이 매우 많으나, 도연명은 국화를 사랑했고, 주염계는 연꽃을 사랑했으며, 부귀하고 번화한 사람들은 대개 모란을 사랑한다. 도연명은 은자였기 때문에 사람은 국화로써 은자에 비유하고, 주염계는 군자였기 때문에 사람은 연꽃으로써 군자에 비유하며, 모란은 꽃 중에서 가장 번화한 것이기 때문에 사람은 모란으로써 그것을 부귀하고 화려한 사람에게 비유한다.

物之不齊_는 乃物之情故_로 以尋丈尺

寸_{으로} 度物之 長短_{하고} 以斤兩錙銖_로

稱物之輕重_{하고} 以斗斛升石_{으로} 量物

之多寡_라.

물건이 고르지 아니함은, 곧 그 물건의 사정 때문이므로 심·장·척촌
으로써 그 물건의 길고 짧음을 헤아리고, 근·냥·치·수로써 그 물건
의 가볍고 무거움을 달며, 두·곡·승·석으로써 그 물건의 많고 적음
을 잰다.

산 계 만 물 지 수　　막 편 어 구 구　　소
算計萬物之數는 莫便於九九하니 所

위 구 구 자　　구 구 팔 십 일 지 수 야
謂九九者는 九九八十一之數也라.

좌 물 편
左物篇이라.

만물의 수를 숫자로 계산함에는 구구보다 더 편한 것이 없다. 이른바
구구라 하는 것은 九九 八十一의 수를 말한다. 이상은 물편이다.

倫理篇
윤리편

만 물 지 중　　유 인　　최 령　　유 부 자 지
萬物之中에 惟人이 最靈하니 有父子之

친　　유 군 신 지 의　　유 부 부 지 별
親하며 有君臣之義하며 有夫婦之別하며

유 장 유 지 서　　유 붕 우 지 신
有長幼之序하며 有朋友之信이라.

만물 가운데 오직 사람이 가장 영험하니, 부자유친하고, 군신유의하며, 부부유별하고, 장유유서하며, 붕우유신하기 때문이다.

생아자 위부모 아지소생 위자
生我者는 爲父母요 我之所生이 爲子

녀 부지부 위조 자지자 위손
女요 父之父는 爲祖요 子之子 爲孫이요

여아동부모자 위형제 부모 지형
與我同父母者는 爲兄弟요 父母 之兄

제 위숙 형제지자녀 위질
弟는 爲叔이요 兄弟之子女는 爲姪이요

자지처 위부 여지부 위서
子之妻는 爲婦요 女之夫는 爲婿라.

나를 낳은 자는 부모가 되고, 내가 낳은 것은 자녀가 되며, 아버지의 아버지는 할아버지가 되고, 아들의 아들은 손자가 된다. 나와 함께 부모를 같이 한 자는 형제가 되고, 부모의 형제는 아저씨가 되며, 형제의 자녀는 조카가 되고, 아들의 아내는 며느리가 되며, 딸의 남편은 사위가 된다.

유부부연후 유부자 부부자 인
有夫婦然後에 有父子하니 夫婦者는 人

도지시야 고 고지성인 제위 혼
道之始也라. 故로 古之聖人이 制爲 婚

姻之禮하여 以重其事하니라.

부부가 있은 후에야 부자가 있으니, 부부는 사람의 도리의 시초다. 그러므로 옛날의 성인이 혼인하는 예를 만들어 그 일을 중하게 했다.

人非父母면 無從而生이라 且人生三歲然後에 始免於父母之懷故로 欲盡其孝則服勤至死하고 父母가 沒則 致喪三年하여 以報其生成之恩이라.

사람은 부모가 아니면 좇아 태어날 수가 없다. 또 사람이란 세 살이 된 후에야 비로소 부모의 품을 떠나므로 그 효도를 극진히 하고자 하면 수고로이 복종하여 죽을 때까지 하고, 부모가 돌아가면 거상을 三년간 입어 부모가 낳고 기른 은혜를 보답해야 한다.

耕於野者는 食君之土하고 立於朝者는 食君之祿이니 人이 固非父母則不生이요

亦非君則不食故로 臣之事君이 如子事父하여 唯義所在則舍命效忠이라.

들에서 밭가는 자는 임금의 땅을 먹고 조정에 서 있는 자는 임금의 녹을 먹으니, 사람이 진실로 부모가 아니면 태어나지 못하고, 또 임금이 아니면 먹지를 못하므로 신하가 임금을 섬김이 자식이 어버이를 섬기는 것 같이 하여, 오직 의가 있는 곳이면 생명을 버리고 충성을 본받아야 한다.

人於等輩에 尙不可相踰어든 況年高於我하고 官貴於我하고 道尊於我者乎아 故로 在鄕黨則敬其齒하고 在朝則敬其爵하고 尊其道而敬其德이 是禮也라.

사람이 같은 동아리에서도 오히려 넘지 못하거든 하물며 나이가 나보다 많고 벼슬이 나보다 귀하며 도가 나보다 높은 사람에 대해서야? 그러므로 향당에서는 그 나이를 공경하고, 조정에서는 그 벼슬을 공경하며, 그 도를 높이고 그 덕을 공경하는 것, 이것이 예이다.

曾子曰 君子는 以文會友하고 以友輔仁

이라 蓋人不能無過而朋友가 有責善之

道故로 人之所以成就其德性者는 固莫

大於師友之功이라. 雖然이나 友有益友하고

亦有損友하니 取友를 不可不端也라.

증가가 말하기를,
「군자는 글로써 벗을 모으고 벗으로써 인을 돕는다」
하였다. 대개 사람은 허물이 없지 못하여 친구가 책선의 도를 행하므로 사람이 그 덕성을 성취하는 데는 진실로 스승과 벗의 공로보다 더 큰것이 없다. 비록 그러하나 벗에는 유익한 벗이 있고 또 해로운 벗이 있으니, 벗을 취함을 단정하게 하지 않을 수 없다.

同受父母之餘氣하여 以爲人者는 兄弟

也라. 且人之方幼也에 食則連牀하고 枕

則同衾하여 共被父母之恩者는 亦莫如

我兄弟也라 故로 愛其父母者는 亦必

愛其兄弟라.

　함께 부모의 남은 기운을 받아서 사람이 된 자가 형제다. 또 사람이 바야흐로 어렸을 때에 식사를 할 때는 상을 같이하고, 잘 때는 이불을 같이하여 함께 부모의 은혜를 입은 자는 또한 우리의 형제와 같은 것이다. 그러므로 그 부모를 사랑하는 자는 또한 반드시 그 형제를 사랑할 것이다.

宗族이 雖有親疎遠近之分이나 然이나

推究基本則同是祖先之 骨肉이니 苟

於宗族에 不相友愛則是는 忘其本也

라. 人而忘本이면 家道가 漸替라.

　종족에는 비록 친하고 성기며 멀고 가까운 차이가 있으나, 그러하나 그 근본을 찾아 올라가면 조선의 골육을 함께 하고 있으니, 진실로 종족 사이에 서로 우애하지 않으면 이는 그 근본을 잊어버리는 것이다. 사람으로서 그 근본을 잊으면 가도는 점차 폐지된다.

父慈而子孝하며 兄愛而弟敬하며 夫和而
妻順하며 事君忠而接人恭하며 與朋友
信而撫宗族厚면 可謂成德君子也라.

어버이는 사랑하고 아들은 효도하며, 형은 우애하고 아우는 공경하며, 남편은 온화하고 아내는 순종하며, 임금을 섬김에는 충성스럽고 사람을 대함에는 공손하며, 친구와 사귈 때는 신용이 있고, 종족을 구휼함을 두텁게 하면 덕을 이룬 군자라고 할 수 있다.

凡人稟性이 初無不善이니 愛親敬兄하며
忠君弟長之道는 皆已具於吾心之中이니
固不可求之於外面而 惟在我力行而
不已也라.

대체로 사람의 타고난 성품이 처음에 착하지 않음이 없다. 어버이를 사랑하고 형을 공경하며, 임금에게 충성스럽고 어른에게 공손한 도가 모두 이미 내 마음 가운데 갖추어 있으니, 진실로 외면에서 구해서는 안되고, 오직 내가 힘써 행하여 그치지 않는 데 있을 뿐이다.

人非學問이면 固難知其何者가 爲孝며
何者가 爲忠이며 何者가 爲弟며 何者가
爲信故로 必須讀書窮理하여 求觀於
古人하며 體驗於吾心하여 得其一善하여
勉行之則孝弟忠信之節이 自無不合
於天敍之則矣라.

　사람이 학문을 하지 않으면 진실로 그 어떤 것이 효가 되고 어떤 것이
충성이 되며, 어떤 것이 공경이 되고 어떤 것이 신용이 되는 것인지를
알기 어려우므로, 반드시 책을 읽고 이치를 궁리하여 옛사람에게서 구
하여 보며, 나의 마음에서 체험하여 그 한가지의 체험을 얻어 그것을
힘써 행하면, 효제충신의 예절이 스스로 하늘이 베푸는 법칙에 맞지 않
는 일이 없다.

收斂心身이 莫切於九容이니 所謂九
容者는 足容重하며 手容恭하며 目容端하며

<ruby>口<rt>구</rt></ruby><ruby>容<rt>용</rt></ruby><ruby>止<rt>지</rt></ruby>하며 <ruby>聲<rt>성</rt></ruby><ruby>容<rt>용</rt></ruby><ruby>靜<rt>정</rt></ruby>하며 <ruby>頭<rt>두</rt></ruby><ruby>容<rt>용</rt></ruby><ruby>直<rt>직</rt></ruby>하며 <ruby>氣<rt>기</rt></ruby><ruby>容<rt>용</rt></ruby><ruby>肅<rt>숙</rt></ruby>하며 <ruby>立<rt>입</rt></ruby><ruby>容<rt>용</rt></ruby><ruby>德<rt>덕</rt></ruby>하며 <ruby>色<rt>색</rt></ruby><ruby>容<rt>용</rt></ruby><ruby>莊<rt>장</rt></ruby>이라.

몸과 마음을 수렴함은 아홉 모양에서 더 간절함이 없다. 이른바 아홉 모양이란, 발의 모양은 묵직하고 손의 모양은 공손하며, 눈의 모양은 단정하고 입의 모양은 정지해 있으며, 소리의 모양은 안정하고 머리의 모양은 곧으며, 기운의 모양은 엄숙하고 서 있는 모양은 덕성스러우며, 안색의 모양은 장중해야 하는 것이다.

<ruby>進<rt>진</rt></ruby><ruby>學<rt>학</rt></ruby><ruby>益<rt>익</rt></ruby><ruby>智<rt>지</rt></ruby>는 <ruby>莫<rt>막</rt></ruby><ruby>切<rt>절</rt></ruby><ruby>於<rt>어</rt></ruby><ruby>九<rt>구</rt></ruby><ruby>思<rt>사</rt></ruby>니 <ruby>所<rt>소</rt></ruby><ruby>謂<rt>위</rt></ruby><ruby>九<rt>구</rt></ruby><ruby>思<rt>사</rt></ruby><ruby>者<rt>자</rt></ruby>는 <ruby>視<rt>시</rt></ruby><ruby>思<rt>사</rt></ruby><ruby>明<rt>명</rt></ruby>하며 <ruby>聽<rt>청</rt></ruby><ruby>思<rt>사</rt></ruby><ruby>聰<rt>총</rt></ruby>하며 <ruby>色<rt>색</rt></ruby><ruby>思<rt>사</rt></ruby><ruby>溫<rt>온</rt></ruby>하며 <ruby>貌<rt>모</rt></ruby><ruby>思<rt>사</rt></ruby><ruby>恭<rt>공</rt></ruby>하며 <ruby>言<rt>언</rt></ruby><ruby>思<rt>사</rt></ruby><ruby>忠<rt>충</rt></ruby>하며 <ruby>事<rt>사</rt></ruby><ruby>思<rt>사</rt></ruby><ruby>敬<rt>경</rt></ruby>하며 <ruby>疑<rt>의</rt></ruby><ruby>思<rt>사</rt></ruby><ruby>問<rt>문</rt></ruby>하며 <ruby>忿<rt>분</rt></ruby><ruby>思<rt>사</rt></ruby><ruby>難<rt>난</rt></ruby>하며 <ruby>見<rt>견</rt></ruby><ruby>得<rt>득</rt></ruby><ruby>思<rt>사</rt></ruby><ruby>義<rt>의</rt></ruby>라. <ruby>左<rt>좌</rt></ruby><ruby>人<rt>인</rt></ruby><ruby>篇<rt>편</rt></ruby>이라.

학문에 나아가 지혜를 더함은 구사보다 더 간절함이 없으니, 이른바 구사란, 볼 때는 분명함을 생각하고, 듣는 데는 밝음을 생각하며, 안색은 온화함을 생각하고, 모양은 공손함을 생각하며 말에는 충성스러움을 생각하고 일에는 공경함을 생각하며, 의심스러우면 묻기를 생각하고, 분함에는 환란을 생각하며, 이익을 볼 때에는 의로움을 생각한다.
  이상은 인편이다.

사자소학

초판 1쇄 인쇄 2015년 3월 10일
초판 1쇄 발행 2015년 3월 15일

엮은이 편집부
펴낸이 배태수 ___**펴낸곳** 신라출판사
등 록 1975년 5월 23일 제6-0216호
전 화 02)922-4735 ___**팩 스** 02)922-4736
주 소 서울 구로구 중앙로3길 12(서봉빌딩)
표지디자인 디자인 디도

ISBN 978-89-7244-130-4 13140
＊잘못된 책은 구입한 곳에서 바꾸어 드립니다.